仓储管理实务

主　编　何天龙　欧　琳

副主编　陈　涛　黄海涛　袁　斌

参　编　龙曼霖　李秋琼　徐纬锋
　　　　黄　甜　龚学元　黄爱琼

中国商业出版社

图书在版编目(CIP)数据

仓储管理实务/何天龙，欧琳主编.—北京：中国商业出版社，2015.3

ISBN 978-7-5044-8914-2

Ⅰ.①仓… Ⅱ.①何…②欧… Ⅲ.①仓库管理-中等专业学校-教材 Ⅳ.①F253.4

中国版本图书馆CIP数据核字(2015)第052715号

责任编辑：蔡凯

中国商业出版社出版发行

010-63180647 www.c-cbook.com

(北京广安门内报国寺1号 邮编:100053)

新华书店总店北京发行所经销

北京市梨园彩印厂印刷

* * * * *

787×1092毫米 16开 10.5印张 300千字

2015年3月第1版 2015年3月第1次印刷

定价:30.00元

* * * *

(如有印装质量问题可更换)

编　委　会

前言

随着经济全球化进程的加快和科学技术的飞速发展,物流产业将成为我国21世纪重要产业和国民经济新的增长点。仓储是现代物流的基础环节和基础功能,仓储管理技术在很大程度上影响着运作效率乃至物流成本。因此,在现代物流产业的人才培养中,要深化职业技术教育教学内容,培养企业需求的高素质的技术技能型人才。

以物流仓储作业流程为主线进行设计,以教学训赛相结合,将物流技能大赛的技能标准融入课程内容,使学生通过物流基础理论知识、实训项目的学习,各项技能达到参赛标准,以此提升专业知识与技能。

本教材的主要特色是:任务引领、实践导向。将课程的教学内容设计成五个模块十五个学习任务,系统阐述了仓储管理的基本任务、管理内容;重点阐述了仓储管理作业过程,并详细讲述了作为一名仓储管理人员所必须掌握的仓储作业操作流程、要求、岗位知识和技能,主要包括仓储设备设施的选择,仓库安全管理,货物出入库作业活动,货物储存保管、养护和盘点,仓库管理信息系统,条码扫描仪操作等。学习任务以工作任务为中心引出相关专业知识,以仓储流程为基础,展开仓储作业学习过程。教学活动设计由易而难,多采用观察、考察、实践、师生互动的课内外活动形式,培养一切从实践而来,尊重科学的理念,同时给予师生创新的空间。

本书由广西商业高级技工学校何天龙、欧琳两位长期从事一线教学工作的讲师担任主编,并负责书稿框架的设计和统稿、定稿工作。全书编写分工如下:广西商业高级技工学校何天龙编写了模块一;广西商业高级技工学校欧琳编写了模块三;广西商业高级技工学校黄海涛编写了模块五的任务一;广西商业高级技工学校陈涛编写了模块五的任务二;广西商业高级技工学校李秋琼编写了模块二的任务二、任务三;广西商业高级技工学校徐纬锋编写了模块二的任务四、模块四的任务三;广西商业高级技工学校黄甜编写了模块二的任务一、模块四的任务一;广西商业高级技工学校龙曼霖编写了模块四的任务二;广西物资学校袁斌编写了教材的课后习题及参考答案;嘉里大通物流有限公司桂林分公司总经理龚学元和广西物资集团桂林储运总公司书记黄爱琼提供了教材中所用到的岗位职责、技能要求与基本素质以及相关案例素材。

在编写本书的过程中得到了编者所在单位的大力支持,参考、引用了学术界同仁的有关著作、教材、案例等,在此一并表示衷心的感谢!由于编者水平有限,书中不足之处在所难免,敬请广大读者批评指教。

编　者

2015 年 1 月

目　录

模块一 1
仓储环境体验

▶学习要点

1. 了解仓储及仓储管理的概念；
2. 掌握仓储管理的地位、作用；
3. 掌握仓储设备的基础知识；
4. 掌握库存安全管理基础知识。

▶案例导入

小聪是一名即将毕业的物流专业学生，根据学校对毕业实习的要求，学生们可以结合自己的就业兴趣，选择一家校企合作单位进行实习，小聪选择去华夏物流有限公司实习。

小聪的企业导师李军是主管仓库的经理，小聪在实习之前特意了解了华夏物流有限公司的业务范围，并对仓储管理、仓库设备以及库存安全管理的基础知识进行了了解。

任务一　仓储管理基本认知

☞ 任务目的

1. 理解仓储管理的概念；
2. 掌握仓储管理的作用；
3. 熟悉掌握仓储管理的任务；
4. 了解仓储管理的原则。

☞ 任务内容

华夏物流有限公司的物流仓储中心（以下简称华储）是具备一定的储存能力和服务质量的仓储中心，小聪在进入华储实习之前，首先在网上对仓储的含义以及分类进行了了解。

☞ 任务准备

计算机、互联网

☞ 任务分工

岗位	岗位职责	主要内容	技能要求与基本素质	对应人员
岗前了解	无	初步了解仓储管理	初步了解仓储管理的含义和作用。	小聪
岗前了解	无	掌握仓储管理的任务	掌握仓库管理的任务，能够根据仓储管理的原则提高仓储管理的水平。	小聪

☞ 任务资讯

仓储管理的发展趋势

（一）实现“零库存”管理

现在，我国越来越多的企业已经接受“零库存”这个概念。零库存并不是说不设有库存，而是指把自己的库存向上转移给供应商或者向下转移给零售商，从而实现自己的零库存。从目前科学技术发展的情况来看，企业完全可以实现零库存。例如丰田公司的准时制生产方式完全有效地消除了库存，实现了零库存管理。

（二）整合化管理

整合化管理指把社会的仓储设施，以及各相关供应商、零售商、制造商、批发商，甚至客户的仓储设施进行整合，从而达到企业库存管理的优化。即指在供应链管理的框架下，实行仓储管理，把相关仓储管理的作业或设施进行重建。供应链管理下的仓储管理，能够在动态中达到最优化这一目标，在满足顾客要求的前提下，争取尽最大努力降低库存，从而可以提高供应链的整体效益。

（三）计算机化与网络化管理

计算机，它具有高强度记忆功能，能把负责的仓储管理工作进一步简化并大大提高效率;它具有准确计算能力，使人们增强了对它的信赖;它可以对临时变化进行应付，对临时需要进行适时处理。通过计算机还可以实现仓储管理自动化，是指由计算机管理控制仓库的仓储。在自动化仓库中，物品的仓储管理、环境管理、作业控制等具体工作，通过扫描技术、条形码、射频通信、数据处理等技术，指挥仓库堆垛机、传送带、自动导引车、自动分拣等设备自动完成仓储作业;自动控制空调、监控设备、制冷设备进行环境管理;向运输设备下达运输指令安排运输等;并同时完成单证、报表的制作和传递。特别对于危险品、冷库暖库、粮食等特殊物品的仓储，已逐步采取向自动化控制方向发展。

因此，计算机已经成为库存控制信息系统的核心，作为对各项管理业务发出企业指令的指挥中心而起到重大的作用。

（四）物料堆置高空化

由于土地成本提高，产销业务增加，仓储物品日渐增多，但仓储位置有限，故物品的存放向高空发展的机会愈来愈大。

（五）管理科学化

仓储企业（部门）内部正逐步实施现代企业科学管理，建立高效的组织机构，实行规章化的岗位负责制，建立有利于提高生产率的动态的奖励分配制度，实施系统、高效的职工教育培训制度，采用科学化的管理方法，培养积极向上的优秀企业文化。仓储管理包括仓储的管理体制、治理结构、管理组织、管理方法和管理目标几个方面。根据不同的管理体制，仓储活动可以分为向社会提供仓储服务的商业仓储和为企业生产、经营服务的企业自营仓储。无论管理体制如何，仓储管理都需要进行科学化管理。

☞ 任务操作

步骤一:了解仓储管理的概念

仓储管理是指对仓库及仓库内的物资所进行的管理，是仓储机构为了充分利用所具有的仓储资源（包括仓库、机械、人、资金、技术等）提供高效的仓储服务所进行的计划、组织、控制和协调过程。具体来说，仓储管理包括仓储资源的获得、仓储商务管理、仓储流程管理、仓储作业管理、保管管理、安全管理等多种管理工作及相关的操作，如图1－1－1所示。

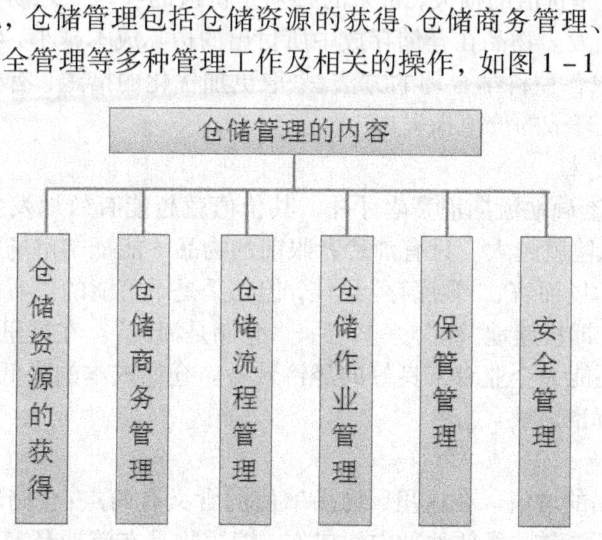

图1－1－1　仓储管理的内容

仓储管理，即库管，是指对仓库及其库存物品的管理，仓储系统是企业物流系统中不可缺少的子系统。仓储管理既是一门经济管理科学，又是一门应用技术科学，其内涵是随着在社会经济领域中的作用不断扩大而变化。物流系统的整体目标是以最低成本提供令客户满意的服务，而仓储系统在其中发挥着重要作用。仓储活动能够促进企业提高客户服务水平，增强企业的竞争能力。现代仓储管理已从静态管理向动态管理发生了根本性的变化，对仓储管理的基础工作也提出了更高的要求。

步骤二:仓储管理的作用

仓储管理是现代物流运作不可或缺的一个重要环节，在各个环节中，仓储时间及仓储成本占有很大比重。通过分析物品从生产者到消费者手中这一过程，我们可以看到物品的纯生产环节是一个创造价值的过程。一旦产品下了生产线，立刻面临着贬值的压力。仓储、运输等流通环节的根本作用就是通过快速、准确移动物品，使之到达消费者手中，实现物品自身的价值。可见，仓储环节的首要作用就是物品的保值。对仓储环节的管理，必须遵循三大思路:一是要保证物品在此阶段不贬值;二是尽可能减少物品在本环节的停留和成本;三是为上下生产运输环节提供便利、采取措施实现增值。

(一)物品的保值

从仓储的角度来看，物品的保值体现在两大方面:物品本身不贬值;仓储设施投资成本最低，利用价值得到最大发挥。

1. 物品本身不贬值

物品的价值在生产阶段已经确定，仓储环节必须保证物品的价值在市场上能得到及时有效的实现。在这种要求下，有人提出了“仓储是蓄水池”，这的确很好地说明了仓储的保值功能。另外，仓储为物品提供专业化的养护，客观上也是实现物品价值不贬值的需要。就仓储管理而言，在这一阶段必须保证该功能的充分有效发挥。任何物流成本的节约，都不能影响仓储对物品的保值,这是仓储存在的根本意义。

2. 仓储利用价值最大化

成本的付出，就是价值的损失，带来的必须是价值的实现。之所以提出这一条，主要是从财务管理的角度出发。物品在仓储存放中所付出的边际成本越小，物品价值就越能有效的实现。这就需要采取各种科学合理的方法、采取更加优化的措施，有效实现仓储设施的使用价值，降低物品在本环节的价值损失。

(二)降低仓储成本

物品越快速、越准确地流向消费者手中，其价值就越能有效地发挥。物品在本阶段停留时间越长，贬值的风险就越大。只有消费者眼前的物品才能抵御市场的时间和空间风险。

从仓储管理的角度而言，“零库存”最佳，但几乎是不可能的。实际的做法就是使物品快速入库、中转、出库，即快速地“流”。一句话，“仓储是河流”。在这里，快速流动不但能降低物品的机会成本，还能为企业带来良好的经济效益。仓储成本的降低，是一条供应链联盟成功与否的重要判断标准之一。

(三)仓储的增值

仓储能实现物品的增值。在这里，物品增值的含义有两点:仓储环节与生产运输环节作好衔接，实现“无缝”流转，降低种种中间成本，缩短物品在流通环节的总时间，加速物品价值的实现;采用生产延迟、运输延迟等策略，针对不同的行业和物品，把物品的粗加工、包装等基本作业放入仓储部门，不仅进行拼箱装运，而且还按客户要求进行物品整合，既能为上下游的生产、运输环节提供直接便利，又可以使仓储作业从单一的保值功能多元化到增值、保值合一，大大提高仓储的直接效益。

生产、仓储、运输等各个环节是否协同合作，物品在每一个环节是否都能增值也是一条供应链成功与否的重要判断标准之一。

在实际运用中，仓储管理往往需要和企业信息化相连接，借助先进的信息技术来实现仓储管理最优化。我们必须带有一种系统的思维和战略的眼光，将仓储管理放入供应链中，结合上下游环节来实现整条供应链的共赢。由于生产和消费之间或多或少存在时间或空间上的差异，仓储可以提高物品的时间效用，调整均衡生产和集中消费或均衡消费和集中生产在时间上的矛盾。

步骤三：仓储管理的任务

仓储管理作为现代物流管理的基本功能之一，其基本任务就是从客户需求出发，做好物品的入库、保管、保养和出库供应，为客户提供优质的服务。其具体任务包括：

（一）做好入库验收，确保入库物品数量准确、质量完好

包括物品接收、审核入库凭证、外观质量、数量验收、验收结果、账务处理及系统维护等。

（二）做好保管保养，确保物品质量完好

做好保管保养工作，包括仓库合理规划、合理堆码与苫垫、物品维护保养及盘点和检查等。

（三）做好出库供应，为生产服务

包括审核出库凭证、备料、包装、送货与发运等。

（四）建立健全仓储管理制度

根据ISO9000国际质量体系认证和ISO14000环境保护的要求，不断完善仓储管理规章制度和作业程序，使仓储管理同国际接轨及国外先进技术的本土化。

（五）做好仓库清洁卫生

对仓库清洁卫生的要求与其他场合不同，是根据物品储存要求来确定的。但灰尘对所有物品的质量都有不同程度的影响，因此，搞好清洁卫生是仓储管理基本要求之一。

（六）讲求经济效益，做好经济核算

仓储管理是一种经济活动，它是通过仓储活动给客户提供增值服务，同时，仓储活动构成了成本和费用。只有通过仓储的合理规划，加快货物周转，提高仓储设施利用率，降低作业成本，才能取得良好的经济效益，使仓储活动在企业生产经营中发挥更好的作用。

（七）做好仓库安全

仓储活动包括管理和生产性操作活动。安全生产是仓储活动的基本保证。仓库安全包括保卫警卫、安全生产、劳动与环境保护、消防和防台风、防汛等。

步骤四：仓储管理的原则

（一）效率的原则

效率是指在一定劳动要素投入量时的产品产出量。较小的劳动要素投入和较高的产品产出量才能实现高效率。高效率就意味着劳动产出大，劳动要素利用率高，高效率是现代生产的基本要求。仓储的效率表现为仓容利用率、货物周转率、进出库时间、装卸车时间等指标上，力求做到“快进、快出、多存储、保管好、费用省”。

(二)经济效益的原则

实现利润最大化原则需要做到经营收入最大化和经营成本最小化，企业生产经营的目的是为了追求获得最大化利润，利润是经济效益的表现。

(三)服务的原则

仓储管理需要围绕着服务定位，如何提供服务、改善服务、提高服务质量开展的管理，包括直接的服务管理和以服务为原则的生产管理。

仓储的服务水平与仓储经营成本有着密切的相关性，两者互相对立。服务好，成本高，收费则高，仓储服务管理就是在降低成本和提高(保持)服务水平之间保持平衡。

☞ 任务评分

<table>
<tr><td>班级</td><td colspan="2"></td><td>姓名</td><td colspan="2"></td><td>小组</td><td colspan="2"></td></tr>
<tr><td>任务名称</td><td colspan="8">仓储环境体验</td></tr>
<tr><td colspan="2">考核内容</td><td>评价标准</td><td>参考分值(100)</td><td>学生自评</td><td>小组互评</td><td>教师评价</td><td>考核得分</td></tr>
<tr><td rowspan="3">职业素养情况</td><td>1</td><td>具有良好的沟通能力</td><td>5</td><td></td><td></td><td></td><td></td></tr>
<tr><td>2</td><td>具有信息搜集能力</td><td>5</td><td></td><td></td><td></td><td></td></tr>
<tr><td>3</td><td>在任务实施过程中具有较强的总结能力</td><td>10</td><td></td><td></td><td></td><td></td></tr>
<tr><td rowspan="4">知识掌握情况</td><td>4</td><td>掌握仓储管理的概念</td><td>10</td><td></td><td></td><td></td><td></td></tr>
<tr><td>5</td><td>熟悉仓储管理的作用</td><td>5</td><td></td><td></td><td></td><td></td></tr>
<tr><td>6</td><td>掌握仓储管理的任务</td><td>10</td><td></td><td></td><td></td><td></td></tr>
<tr><td>7</td><td>理解仓储管理的原则</td><td>5</td><td></td><td></td><td></td><td></td></tr>
<tr><td rowspan="3">能力提升情况</td><td>8</td><td>能够了解如何通过仓储使物品的保值达到最大化，降低仓储成本</td><td>10</td><td></td><td></td><td></td><td></td></tr>
<tr><td>9</td><td>能够掌握仓储管理的任务，了解仓储管理人员需要完成的工作</td><td>10</td><td></td><td></td><td></td><td></td></tr>
<tr><td>10</td><td>能够主动搜集所需信息，进行自主学习</td><td>10</td><td></td><td></td><td></td><td></td></tr>
<tr><td rowspan="3">参与活动情况</td><td>11</td><td>积极参与任务实施</td><td>5</td><td></td><td></td><td></td><td></td></tr>
<tr><td>12</td><td>积极参与小组讨论</td><td>5</td><td></td><td></td><td></td><td></td></tr>
<tr><td>13</td><td>积极回答老师提问</td><td>10</td><td></td><td></td><td></td><td></td></tr>
<tr><td colspan="7">小计</td><td></td></tr>
<tr><td colspan="7">合计 = 自评 * 20% + 互评 * 40% + 教师评 * 40%</td><td></td></tr>
</table>

☞操作习题作业

一、模拟案例

模拟一个课堂，对仓储管理的含义、分类、作用、任务、原则以及发展趋势进行讨论和回答。

二、知识考核

(一)单选题

1.(　　)指把社会的仓储设施，以及各相关供应商、零售商、制造商、批发商，甚至客户的仓储设施进行整合，从而达到企业库存管理的优化。

A. 整合化管理

B. 供应链管理

C. 计算机与网络化管理

D. 物料堆高化管理

2. 以下不属于仓储管理作用的是(　　)。

A. 物品的保值

B. 降低仓储成本

C. 物品的贬值

D. 仓储的增值

(二)多选题

1. 仓储管理的任务有(　　)。

A. 做好入库验收，确保入库物品数量准确、质量完好

B. 做好出库供应，为生产服务

C. 建立健全仓储管理制度

D. 讲求经济效益，做好经济核算

2. 以下属于仓储管理的内容的是(　　)。

A. 仓储资源的获得

B. 仓储商务管理

C. 仓储流程管理

D. 仓储作业管理

(三)判断题

1. 零库存是指不设有库存。

2. 效率的原则、经济效益的原则、服务的原则是仓储管理的三大原则。

任务二　仓储设备选用

☞ 任务目的

1. 了解货架的作用、功能以及不同类型货架的特点及用途；
2. 掌握托盘的概念和作用以及优缺点；
3. 熟悉叉车的基本概念和结构，了解叉车的特点用途以及分类；
4. 了解起重机、自动化分拣设备的概念和分类；
5. 熟悉手动液压搬运车的使用范围；
6. 掌握手动液压搬运车的使用方法及注意事项。

☞任务内容

小聪在进入华夏物流有限公司实习后，被分配在华储的仓储部门，由导师李军(主管仓库的经理)带其了解仓储工作，现在导师李军安排小聪首先了解一下各仓储设备的使用。

华夏物流仓储中心有一批货物运达仓库，工作人员根据具体的需要选择装卸搬运设备，进行卸货搬运。工作人员在设备暂存区取出一辆手动液压搬运车，利用手动液压搬运车将码放整齐的一托盘货物从入库理货区搬运至托盘货架区的设备交接区。

单程行驶路线见图 1－2－1 中带箭头的线所示：

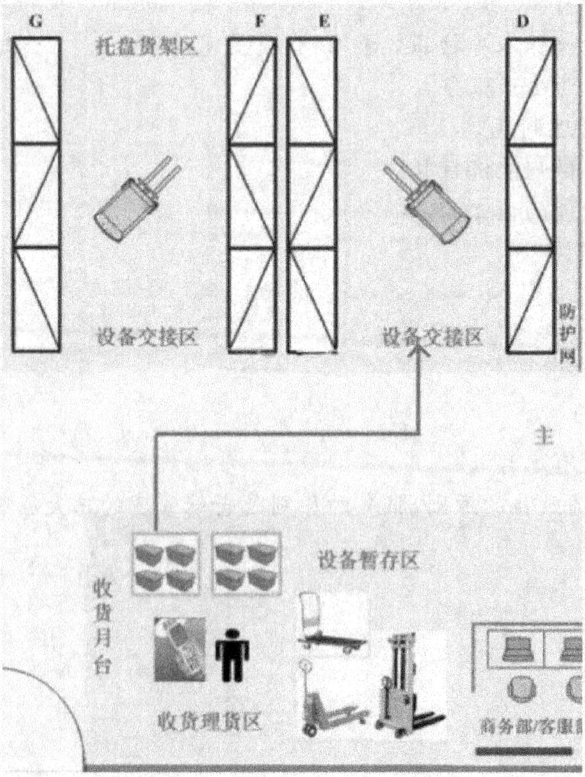

图 1－2－1　单程行驶路线

☞任务准备

模拟一个仓储中心，准备：

出入库理货区、托盘货架区、设备交接区及设备暂存区；

手动液压搬运车1辆；

模拟货物(数量1托盘)；

托盘1个。

☞任务分工

本任务人员岗位分工为：

岗位	岗位职责	主要内容	技能要求与基本素质	对应人员
仓储操作人员	手动液压搬运车的正确使用。	正确取出设备； 用设备叉取货物； 利用设备完成货品的搬运工作； 设备归位。	设备使用的安全要求，较强的学习能力。	小聪

☞任务资讯

仓储工作中所使用的设备按其用途和特征可以分成装卸搬运设备、保管设备、计量设备、养护设备、通风照明设备、消防安全设备、劳动防护设备以及其他用途设备和工具等。仓储设备的分类如表1－2－1所示，在仓库设备的具体使用与管理中，应根据仓库规模的大小进行恰当的分类。

表1－2－1 仓储设备的分类

功能要求	设备类型
存货、取货	货架、叉车、堆垛机械、起重运输机械等
分拣、配货	分拣机、托盘、搬运车、传输机械等
验货、养护	检验仪器、养护设施等
防火、防盗	温度监视器、防火报警器、监视器、防盗报警设施等
流通加工	所需的作业机械、工具等
控制、管理	计算机及辅助设备等
配套设施	站台、轨道、道路、场地等

以下简单介绍其中常用的设备：

一、货架

通俗来说，货架就是陈列或存储商品、成品、半成品等物品的专用结构架。是指用支架、隔板或托架组成的立体储存货物的设施。货架在仓库中占有非常重要的地位。随着现代工业的迅猛发展，物流量的大幅度增加，为实现仓库的现代化管理，改善仓库的功能，不仅要求货架数量多，而且还要具有多功能、机械化、自动化的特点。

货架各部件名称（如图 1－2－2 所示）：

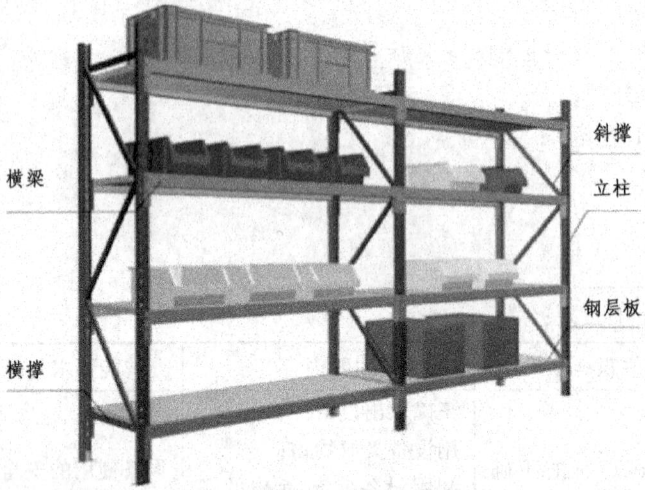

图 1－2－2　货架结构图

（一）货架的作用及功能

货架是由具有一定强度的材料，按一定的要求建成的，用来存放物品的几何建筑体。它在仓库中占有十分重要的地位，对物品的储存和堆码起着重要作用。货架的功能包括以下几点：

1. 用钢材或钢筋混凝土制成一种架式结构物，可充分利用仓库空间，提高库容利用率，扩大仓库储存能力；

2. 货架上的物品相互不接触，互不挤压，保证物品储存状态，可减少货损；

3. 物品存取方便，结合计算机管理可实现先进先出；

4. 可采用防潮、防尘、防盗等措施来提高物品储存质量；

5. 有利于实现仓储系统的自动化管理。

（二）货架的种类

货架的种类主要有抽屉式货架、橱柜式货架、U 形架、悬臂架、棚架、鞍架、轮胎专用架、重力式货架、移动式货架、层架式货架、阁楼式货架、（驶入、驶出式货架）、托盘式货架、自动化立体仓库货架等，以下简要介绍几种。

1. 层架式货架

层架式货架的应用非常广泛，如果按层架存放物品的重量分类，可以分为重型和轻型货架；按其结构特点分类，有层格式、抽屉式等类型，如图 1－2－3，1－2－4 所示。

图 1－2－3　层格式货架

图 1－2－4　抽屉式货架

2. 托盘式货架

托盘式货架专门用于存放堆码在托盘上的物品，其基本形态与层架式货架类似，但承载能力较大，每层空间适于存放整托盘物品，如图 1－2－5 所示。

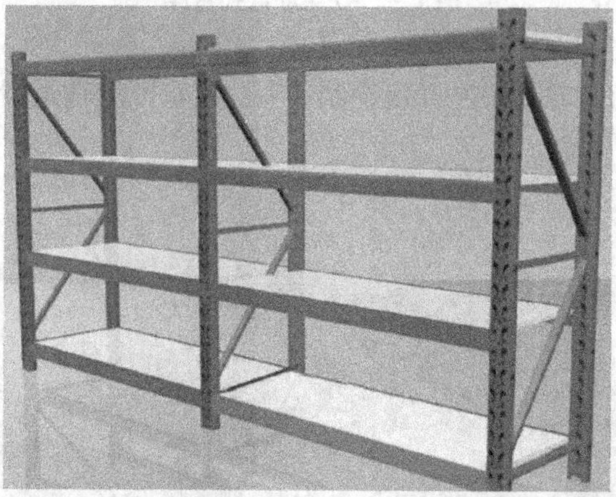

图 1－2－5　托盘式货架

3. 阁楼式货架

阁楼式货架是将储存空间做成上、下两层规划，利用钢架和楼板将空间间隙隔为两层，下层货架结构支撑上层楼板，如图 1－2－6 所示。

图 1－2－6　阁楼式货架

4. 悬臂式货架

悬臂式货架是在立柱上装设杆臂构成的，悬臂常用金属材料制造，其尺寸一般根据所存放物料尺寸的大小确定。为防止物品损伤，常在悬臂上加垫木质衬垫或橡胶带以起保护作用，如图 1－2－7 所示。

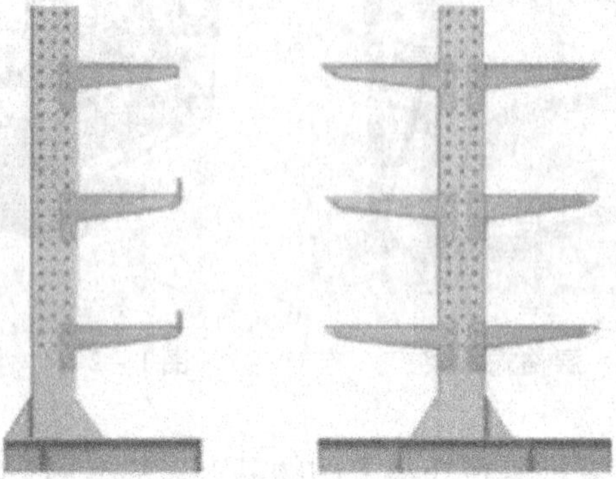

图 1－2－7　悬臂式货架

5. 移动式货架

移动式货架底部装有滚轮，通过开启控制装置，滚轮可沿轨道滑动，如图 1－2－8 所示。

图 1－2－8　移动式货架

6. 重力式货架

与水平面成一定的倾斜角度，低端作为出货端，高端作为入货端，如图 1－2－9 所示。

图 1－2－9　重力式货架

7. 驶入、驶出式货架(贯通式货架)

驶入、驶出式货架采用钢质结构，货架两边钢柱上有水平凸出的横杆，叉车将托盘送入，由货架两边的悬轨托住托盘及物品，如图 1－2－10 所示。

图 1－2－10　驶入、驶出式货架

(三)货架的特点和用途

货架(仓储货架)是物流行业的基础设施，对物流行业的运行及仓库的管理起着重要的作用。表 1－2－2 是常见的货架类型的特点及用途。

表 1－2－2　常见的货架类型的特点及用途

货架种类	货架的特点、用途
层架式货架	层架式货架结构简单，适用性强，有利于提高空间利用率，方便作业的存取，是人工作业仓库主要的存储设备； 层格式货架主要用于存放规格复杂多样、容易搞混的，须互相隔开的物品； 抽屉式层架主要用于存放比较贵重或怕尘土、怕湿的小件物品。
托盘式货架	结构简单，可调整组合，安装简易，费用经济； 入库不受先后顺序的限制； 储物形态为托盘装载物品，配合升降式叉车存取。
阁楼式货架	可以有效增加空间利用率，通常上层存放轻量物品，不适合重型搬运设备运行，上层物品搬运需配垂直输送设备。
悬臂式货架	为开放式货架，不便于机械化作业，需配合跨距较宽的设备； 一般高度 6m 以下，空间利用率较低，约 35%～50%。
移动式货架	平时密集相接排列，存取物品时通过手动或电力驱动装置使货架沿轨道水平移动，形成通道，可以大幅度减少通道面积，地面使用率可达 80%，而且可直接存放每一箱物品，不受先进先出的限制； 机电装置较多，建造成本较高，维护也比较困难。
重力式货架	通常成密集型配置，能够大规模密集存放物品，减少了通道数量，可有效节约仓库面积； 能保证先进先出，并且方便拣货，作为分拣式货架普遍应用于配送中心作业中； 拣货端与入货端分离，能提高作业效率和作业的安全性； 重力式货架还可以根据需要设计成适合托盘、纸箱、单件物品储存的结构和形式。
驶入、驶出式货架	属高密度配置，高度可达 10m，库容利用率高达 90% 以上； 适用于大批量少品种配送中心使用，但不太适合过长或过重的物品； 驶入式货架存取货时受先后顺序的限制。

二、托盘

(一)托盘的概念和作用

1. 托盘的概念

托盘是为了使物品有效地装卸、运输、保管，将其按一定数量组合放置于一定形状的台面上，这种台面有供叉车从下部叉入并托起的叉入口。以这种结构为基本结构的平台和在这种基本结构上形成的各种形式的集装器具均可称为托盘。

2. 托盘的优缺点

(1)托盘的优点:自重量小;返空容易;装盘容易;装载量适宜，组合量较大;节省包装材料，降低包装成本。

(2)托盘的缺点:托盘除了具有以上所述优点外，也有以下不足:

①保护产品性能不如集装箱;

②露天存放困难，需要有仓库等设施;

③托盘本身的回运需要一定运力的消耗和成本的支出。

(二)托盘的种类

1. 平板托盘(又称平托盘)

平托盘几乎是托盘的代名词，只要一提托盘，一般都是指平托盘而言，因为平托盘使用范围最广，利用数量最大，通用性最好。平托盘又可细分为三种类型。

(1)按叉车叉入方式分类。分为单向叉入型、双向叉入型、四向叉入型三种。

(2)按台面分类。分成单面型、单面使用型和双面使用型、翼型四种。

(3)按材料分类。分为木制托盘、钢制托盘、铝合金托盘、胶合板托盘、塑料托盘、纸板托盘、复合材料托盘等，如图 1－2－11、1－2－12、1－2－13 所示。

图 1－2－11　木制托盘

图 1－2－12　钢制托盘

图 1－2－13　塑料托盘

2. 立柱式托盘

立柱式托盘没侧板，在托盘上部的四个角有固定式或可卸式的立柱，有的柱与柱之间有连接的横梁，使柱子成门框型，如图 1－2－14 所示。

图 1－2－14　立柱式托盘

3. 箱式托盘

箱式托盘的基本结构是沿托盘四个边有板式、栅式、网式等栏板和下部平面组成的箱体，有些箱体有顶板。箱板有固定式、折叠式和可拆卸式三种，如图1－2－15所示。

图1－2－15　箱式托盘

4. 滑片托盘（简称滑板）

按折翼的个数不同，分为单折翼型滑片、双折冀型滑片、三折翼型滑片和四折翼型滑片，如图1－2－16所示。

5. 轮式托盘

轮式托盘是在柱式、箱式托盘下部装有小型轮子做短距离移动，在生产企业物流系统中，可以兼做作业车辆，如图1－2－17所示。

图1－2－16　四折翼型滑片

图1－2－17　轮式托盘

6. 特种专用托盘

例如：航空托盘、平板玻璃托盘、油桶专用托盘、长尺寸物托盘、轮胎托盘等，如图1－2－18、1－2－19、1－2－20所示。

图1－2－18　航空托盘

图1－2－19　油桶专用托盘

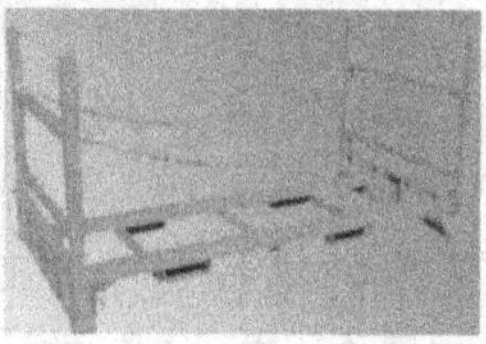

图1－2－20　轮胎托盘

（三）托盘的标准与规格

美国主流托盘为48in×40in（约为1200mm×1000mm）；日本主流托盘1100mm×1100mm和1200mm×1000mm。国际标准化组织规定规格有800mm×1000mm、800mm×1200mm、1000mm×1200mm三种，此外还有1200mm×1600mm、1200mm×1800mm的大型托盘。我国国家标准规定的联运平托盘外部规格系列为（GB/T2934－2007），托盘平面尺寸为：1200mm

×1000mm 和 1100mm×1100mm，优先推荐 1200mm×1000mm。

三、叉车

(一)叉车的基本概念和结构

叉车又称铲车、叉式取货机，是仓储装卸搬运机械中最常见的具有装卸、搬运双重功能的机械，具有选用性强，机动灵活，效率高的优点。叉车由自行的轮胎底盘、能垂直升降的货叉和前后倾斜的门架等组成。它不仅可以将物品叉起进行水平运输，还可以将物品提升进行垂直堆码。

叉车各部分名称见图 1－2－21：

图 1－2－21　叉车结构图

(二)叉车的特点及用途

1. 机械化程度高；
2. 机动灵活性好；
3. 可以"一机多用"；
4. 能提高仓库容积的利用率；
5. 有利于开展托盘成组运输和集装箱运输；
6. 成本低，投资少，能取得较好的经济效果。

(三)叉车的种类

1. 按叉车的用途，可分为通用型叉车和专用型叉车；
2. 按叉车所用动力，可分为内燃机式叉车和蓄电池式叉车；
3. 按叉车的结构特点，可分为平衡重式、前移式、插腿式、侧面叉车，如图 1－2－22、1－2－23、1－2－24、1－2－25 所示。

图 1－2－22　平衡重式叉车

图 1－2－23　前移式叉车

1－2－24　插腿式叉车

图 1－2－25　侧面叉车

（四）叉车属具

叉车属具也称多种装置，是叉车的辅助装置，其目的是为了扩大叉车对特定物品的装卸范围，并提高装卸效率。常见的叉车属具有：货叉、起重臂、夹持器、集装箱吊具、串杆、间距可调式货叉、铲斗、推拉器、倾翻叉。

（五）叉车的选择

1. 平衡重式叉车需要较大的作业空间，主要用于露天货场作业；

2. 前移式叉车以蓄电池为动力，不会污染环境，一般用于室内作业。转弯半径也小，可有效提高仓库的面积利用率；

3. 插腿式叉车由于货叉的结构特征决定了其较好的稳定性，尺寸小，转弯半径小，适用于工厂车间、仓库内效率要求不高，但需要有一定堆垛、装卸高度的场合；

4. 侧面叉车主要用于长料物品的搬运。

四、起重机

（一）起重机的概念

起重机属于起重机械的一种，是一种做循环、间歇运动的机械。主要用来实现货物的垂直升降运动，同时伴随着实现货物的水平移动（如图 1－2－26），以满足货物的装卸、转载等作业要求。它广泛应用于工矿企业、港口码头、车站、仓库等。

图 1－2－26　起重机械的一般工作过程

（二）起重机的类型

1. 桥式起重机

桥式起重机是桥架在高架轨道上运行的一种桥架型起重机，又称天车。桥式起重机的桥架沿铺设在两侧高架上的轨道纵向运行，起重小车沿铺设在桥架上的轨道横向运行，构成一矩形的工作范围，就可以充分利用桥架下面的空间吊运物品，不受地面设备的阻碍，广泛地应用在室内外仓库、厂房、码头和露天贮料场等处，如图 1－2－27 所示。

图 1－2－27　桥式起重机

图 1－2－28　门式起重机

2. 门式起重机

门式起重机也是在固定跨间内搬运和装卸物品的机械设备，被广泛应用于车间、仓库或露天场地。其与桥式起重机的区别在桥架部分，它在主梁的两端有两个高大的支撑腿，大车行走车轮就装在支撑腿的底梁上，沿着铺设在地面上的轨道做纵向运行，如图 1－2－28 所示。

五、自动化分拣设备

（一）自动分拣设备的概念

自动分拣设备指的是受自动控制的一套机械分拣装置。它由接受分拣指令的控制装置、把到达分拣位置的货物取出的搬送装置、在分拣位置把货物分送的分支装置和在分拣位置存放货物的暂存装置等组成。

（二）自动分选机的种类

如图 1－2－29 至 1－2－34 所示：

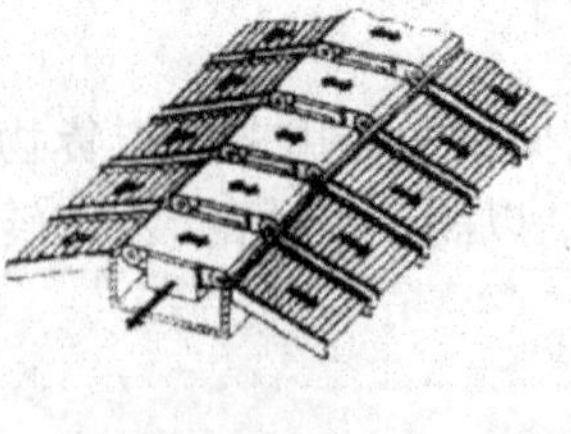

1－2－29　横向式分选机

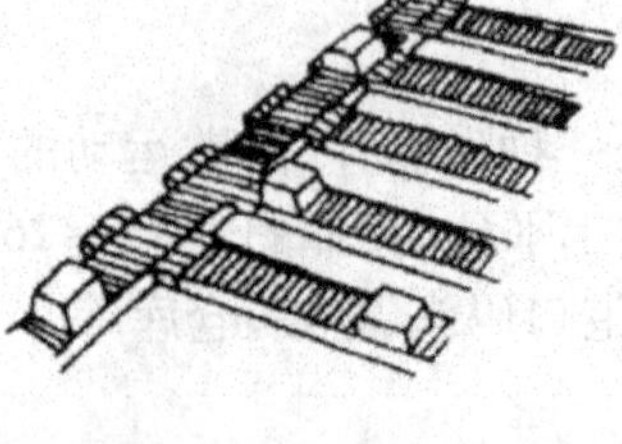

1－2－30　升降推出式分选机

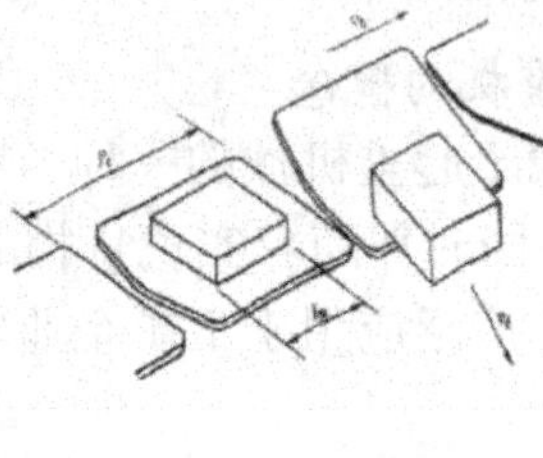

1－2－31　翻盘式分选机

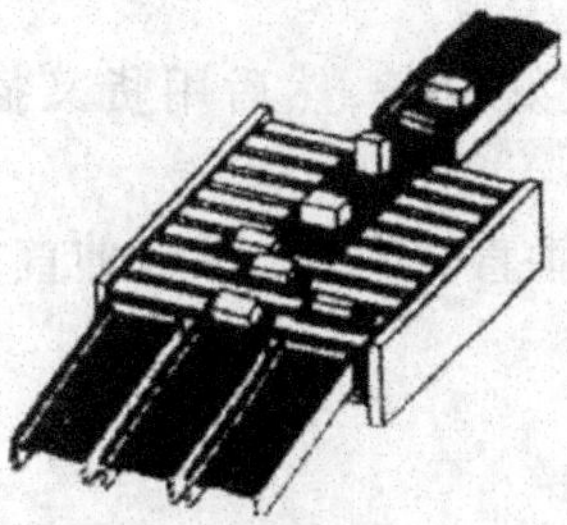

1－2－32　**活动货盘分选机**

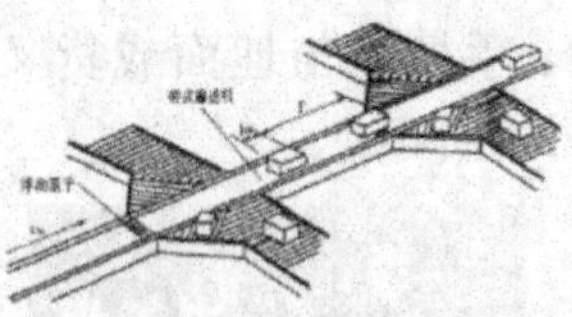

1－2－33　**浮出式分选机**

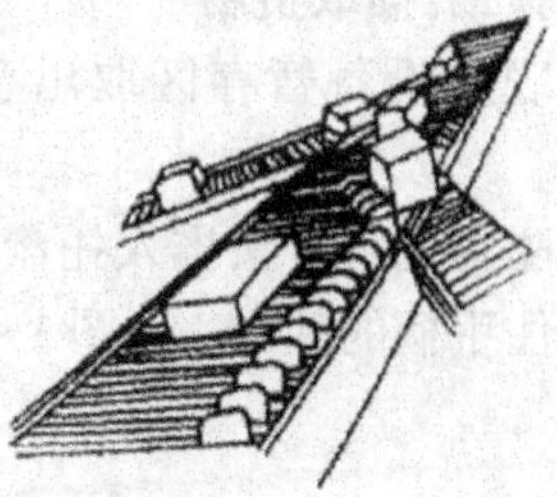

1－2－34　**滑块式分选机**

☞ 任务操作

步骤一：检查舵柄

舵柄的作用是控制液压系统的启动。开启舵柄后，液压系统可以产生压力；释放舵柄后，液压系统的压力也随之消失。使用前，注意检查舵柄是否已经放下。

步骤二：取出设备

小聪从设备暂存区取出手动搬运车。在手动搬运车处于图 1－2－35 所示的初始状态时，用双手握住手柄将其顺时针转动 90 度，下压手柄使其与地面成一定角度后用力拉出，如图 1－2－36 所示，沿通道路线行驶至入库理货区。行走过程中应单手握手柄拉动手动搬运车，身体面向前面目视前方。

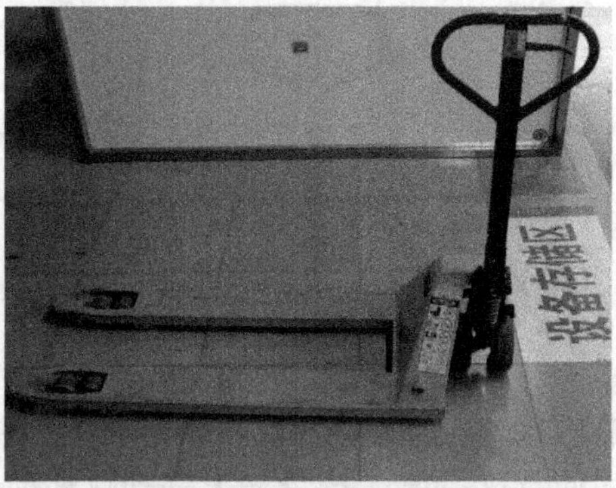

图 1－2－35　手动搬运车

图 1－2－36　取出手动搬运车

步骤三:插取货物

小聪从设备暂存区取出手动搬运车至入库理货区后停放好设备,然后用货叉插取托盘货物。

小聪首先将货叉推入托盘槽内,手柄应与地面或货叉保持垂直。同时,手臂伸直,两手同时抓住手柄的两端,见图 1 – 2 – 37 所示。

图 1 – 2 – 37　**插取托盘货物**

步骤四:启动液压设备

开启舵柄,如图 1 – 2 – 38,液压系统可以产生压力。

图 1 – 2 – 38　**开启舵柄**

上下摇动手柄后,启动液压系统,油泵将活塞杆顶起带动三脚架和传动臂升起,同时传动臂推动前轮组件支起,共同使货叉升高。待货叉上升到离地面无摩擦的距离后即可移动,如图 1 – 2 – 39 所示。

图 1 – 2 – 39　**起升货叉**

步骤五：移动货物

移动货品的时候，为了使用方便和视线不被货品挡住，应用手拉着叉车，沿规定路线行走，行走过程中应单手握舵柄拉动手动搬运车并身体面向前面目视前方，如图1－2－40。

图1－2－40　行走中的姿势

步骤六：停放货物

到达设备交接区后，调整好位置，停放好叉车。关闭液压设备，释放手柄，手柄放松后的情况如图1－2－41。手柄放松后，液压系统的压力也随之消失。将货叉降至最低位置，开始卸货，将托盘货物停放至设备交接区域内。

图1－2－41　释放手柄

步骤七：设备归位

停放好货物后，双手握住手柄用力向后拉使货叉从托盘槽内退出，然后将手动搬运车沿规定路线拉回设备暂存区，恢复至图1－2－35所示的初始状态。

注意事项

1. 手动液压搬运车严谨载人，在货运搬运过程中，货物边上不得有人。

2. 手动液压搬运车在装载时，严禁超载/偏载（单叉作业）使用，所载物品重量必须在搬运车允许负载范围内。

3. 严禁将货物从高处落到手动液压搬运车上。

4. 手动液压搬运车不允许重载长期静置停放物品。

5. 手动液压搬运车空载时，不得载人或在滑坡上自由下滑。

6. 手动液压搬运车出现故障时，不得继续使用，应及时送去维修或报废。

☞任务评分

班级			姓名		小组			
任务名称		仓储设备的选用						
考核内容		评价标准	参考分值（100）	学生自评	小组互评	教师评价	考核得分	
职业素养情况	1	具有较强的动手能力	5					
	2	熟悉仓储设备，能合理和高效地利用仓储设备	5					
	3	能够熟练使用叉车提取搬运货物	10					
知识掌握情况	4	掌握仓储设备的分类	5					
	5	掌握货架、托盘、叉车、起重机以及自动化分拣设备的概念和作用以及分类	10					
	6	掌握取出设备、插取设备、搬运货物、停放货物、设备归位的过程	10					
	7	理解手动液压搬运车在使用时的注意事项	5					
能力提升情况	8	能够根据货物的性质选用不同类型仓储设备	10					
	9	能够掌握手动液压搬运车的使用	10					
	10	能够主动搜集所需信息，进行自主学习	10					
参与活动情况	11	积极参与任务实施	5					
	12	积极参与小组讨论	5					
	13	积极回答老师提问	10					
小计								
合计 = 自评 * 20% + 互评 * 40% + 教师评 * 40%								

☞操作习题作业

一、模拟案例

模拟一个仓储中心，在设备暂存区取出一辆手动液压搬运车，利用手动液压搬运车将码放整齐的一托盘货物从入库理货区搬运至托盘货架区的设备交接区。

二、知识考核

（一）单选题

1.（　　）是仓储装卸搬运机械中最常见的具有装卸、搬运双重功能的机械。

A. 叉车

B. 周转箱

C. 笼车

D. 打包机

2. 以下不属于按照功能和功用进行分类的叉车是（　　）。

A. 平衡重式叉车

B. 插腿式叉车

C. 侧面式叉车

D. 电动式叉车

3. (　　)叉车适于车间、仓库内作业。

A. 内燃式叉车

B. 前移式叉车

C. 集装箱叉车

D. 侧面式叉车

(二) 多选题

1. 按照用途进行分类，叉车分为(　　)。

A. 通用叉车

B. 一般叉车

C. 专用叉车

D. 特种叉车

2. 以下关于手动液压搬运车说法正确的是(　　)。

A. 手动液压搬运车严禁载人或在滑坡上自由下滑

B. 严禁将货物从高处落到手动液压搬运车上

C. 操作者视线受阻时严禁作业

D. 损坏的手动液压搬运车必须进行维修或报废，不得使用

(三) 判断题

1. 手动液压搬运车允许重载长期静置停放物品。

2. 叉车属具是叉车的辅助装置，其目的是为了扩大叉车对特定物品的装卸范围，并提高装卸效率，保证生产安全。

3. 手动液压搬运车上严禁装载不稳定的或松散包装的货物。

任务三　仓库安全管理

☞ 任务目的

1. 理解仓库安全管理的重要意义、要求及工作；
2. 掌握仓库消防工作的措施及发生火灾后的处理办法；
3. 掌握仓储管理 6S 的内容。

☞ 任务内容

仓库安全管理是仓库管理的重要组成部分，为了更好地服务客户，保证在库货品的安全，小聪协助仓库经理李军对华夏物流仓储中心进行仓库安全制度的建设。

☞任务准备

模拟一个仓储中心，准备：

仓储环境。

☞任务分工

本任务人员岗位分工为：

岗位	岗位职责	主要内容	技能要求与基本素质	对应人员
仓储经理	建立仓库安全制度。	对仓库各种事故进行分析，建立岗位安全责任制度、建立经理值班和干部值宿制度； 加强岗位安全教育和宣传工作。	了解仓储各个岗位安全操作规程； 了解安全知识； 有一定的组织、沟通、分析能力。	李军

☞任务资讯

一、仓库安全管理的重要性

仓库安全管理是仓库管理的重要组成部分，在仓库物资管理过程中，由于社会治安、意外事故以及仓库存储的某些特殊物资具有易燃、易爆以及易腐蚀、有毒等不安全因素，使得仓储管理中潜存着较大的危险。一旦发生安全事故，将可能造成人员伤亡和物资的大量损失，因此仓库管理的基本任务是发现、分析和消除仓库物资管理过程中的各种危险，维持仓库内的安全局面和员工人身安全，保护仓库中的人、物不遭受破坏、损害和损失，并在一定条件下取得最佳的经济效益和社会效益。因此，加强仓储安全管理具有非常重要的意义。

（一）有利于加强仓库的治安保卫工作

仓库治安保卫管理是仓库为了防范、制止恶性侵权行为或意外事故对仓库及仓储财产的侵害和破坏，维护仓储环境的稳定，保证仓储行业经营的顺利开展所进行的管理工作。通过仓储治安保卫工作，可以有效地执行国家的治安保卫规章制度，防盗、防抢、防骗、防破坏、防火、防止财产侵害、维护仓库内交通秩序、维持仓库内安定局面和员工人身安全。

(二)有利于加强仓库的作业安全管理

在现代仓库管理过程中，由于存在着储存、搬运、装卸、运输、处理等动态性因素和各种自然环境因素的影响，都有可能造成库存物资本身的物理和化学性质的变化，都有可能影响到仓储人员的作业安全，以致发生事故。因此，仓库作业安全涉及货物的安全、作业人员人身安全、作业设备和仓库设备的安全。这些安全事项都是仓库安全管理的责任范围，如若管理不当，则所造成的损失都100%的由仓库承担。从这个角度上讲，仓储作业安全管理就是经济效益管理的组成部分。人员安全、货物安全和设备安全就是最大的经济效益。因此，仓库安全管理必须特别注意作业安全管理，特别是重视作业安全的预防管理，以避免发生作业安全事故，要正确认识生产效率与安全作业的关系，应将生产效率的提高建立在安全作业的基础上。

(三)有利于加强仓库的事故预防工作

事故预防工作是指预先发现、鉴别和判明可能导致发生灾害事故的各种危险因素，尤其是那些潜在的危险因素，以便于消除或控制这些危险，防止和避免发生灾害事故。现代安全管理是以预防事故为中心，进行预先安全分析与评价，做到预测和预防事故。经验表明，所有的事故都不是无端产生而是有一定线索的，因此事故的发生是可以预测的，如果运用正确的方法和遵循一定的程序，借助可靠的数据，预测的结果也是可信的。在仓库安全管理工作中，一方面要从已经发生的事故中吸取教训，以避免类似的或重复的事故发生，另一方面，仓库事故的发生往往要付出很大的代价。从仓库不安全的因素及危害来看火灾造成的损失最大，它可以在很短的时间内，使整个仓库变成一片废墟，对国家财产和人民生命安全造成极大的损失。因此，加强仓库安全管理中的事故预防工作，有利于杜绝仓库事故的发生，确保仓库的财产安全和人身安全。

二、仓储的消防管理

仓库的消防工作，重点是防止火灾的发生，火灾的严重危害性是人所共知的。火灾发生后，除了造成人身伤亡外，还会给仓库建筑、储存的商品和周围的建筑带来巨大损失。因此，为了加强仓库消防安全管理，保护仓库免受火灾危害，必须贯彻“预防为主、防消结合”的方针，坚决执行《中华人民共和国消防法》和公安部制定的《仓库防火安全管理规则》，实行谁主管谁负责的原则。

(一)防火管理

仓库应当设立一名主要领导人为防火负责人，全面负责仓库的消防安全管理工作。组织学习贯彻消防法规，完成上级部署的消防工作；组织制定安全管理和值班巡逻制度，落实逐级防火责任制和岗位责任制；组织对职工进行消防宣传、业务培训和考核，提高职工的安全素质，熟悉消防措施，建立健全消防组织，配备必要的消防设施用具，并定期检查，妥善保管，分工明确，责任清楚，消除火险隐患；领导专职、义务消防队组织和专职、兼职消防人员，制定灭火应急方案，组织扑救火灾；定期总结消防安全工作，实施奖惩。

(二)引起仓库火灾的十种常见火源

火源是火灾的发源地，也是引起燃烧和爆炸的直接原因。所以，防止火灾应控制好10种火源，具体是：

1. 进入仓库人员点燃的香烟和火种，是造成火灾最常见的一种火源。

2. 仓库作业使用的各种电气设备，由于超负荷运行、短路、接触不良以及自然界中的雷击、静电火花等，都能使可燃气体、可燃物质燃烧。

3. 靠近高温蒸汽管道、电气线路上的可燃粉尘、纤维，大功率灯泡旁的纸张、衣物等烘烤时间过长都会引起燃烧，成为引起仓库火灾的火源。

4. 在打包机工作过程中，由于温度掌握不好或自动控制失灵，都会引起明火成为火源。

5. 刚刚加热过或经过打孔、磨光等处理的工件，堆放在有油渍的地面上或堆放在易燃品旁（如木材），易形成明火成为火源。

6. 在既无明火又无热源的条件下，褐煤、湿稻草、麦草、棉花、油菜子、豆饼和沾有动、植物油的棉纱、手套、衣服、木屑、金属屑、抛光尘以及擦拭过设备的油布等堆积在一起时间过长，本身也会发热，在条件具备时，可能引起自燃，造成火灾隐患。

7. 不同性质的物质相遇，有时也会引起自燃。如矿物油与氧气接触就易发生强烈化学作用，引起燃烧。

8. 摩擦与撞击。例如铁器与水泥地撞击会引起火花，遇易燃物即可引起火灾。

9. 储存物品不正确的存放和移动方法也会发生化学反应，发出大量的热量而引起升温，使可燃物形成明火燃烧，造成火灾。

10. 进入仓库的各种内燃机动车，其排气管排出的高温气体也是造成火灾隐患的重要原因。

（三）正确报火警

我国《消防法》第三十二条明确规定：任何人发现火灾时都应该立即报警。任何单位、个人都应当无偿为报警提供便利，不得阻拦报警。严禁谎报火警。所以一旦失火，要立即报警，报警越早，损失越小。

报警时要牢记以下七点：

1. 要牢记火警电话“119”。

2. 接通电话后要沉着冷静，向接警中心讲清失火单位的名称、地址、什么东西着火、火势大小以及着火的范围。同时还要注意听清对方提出的问题，以便正确回答。

3. 把自己的电话号码和姓名告诉对方，以便联系。

4. 打完电话后，要立即到交叉路口等候消防车的到来，以便引导消防车迅速赶到火灾现场。

5. 迅速组织人员疏通消防车道，清除障碍物，使消防车到火场后能立即进入最佳位置灭火救援。

6. 如果着火地区发生了新的变化，要及时报告消防队，使他们能及时改变灭火战术，取得最佳效果。

7. 在没有电话或没有消防队的地方，如农村和边远地区，可采用敲锣、吹哨、喊话等方式向四周报警，动员乡邻来灭火。

（四）防火工作的措施

1. 普及防火知识

坚持经常性的防火宣传教育，普及消防知识，不断提高全体仓库职工防火的警惕性，让每个职工都学会基本的防火灭火方法。

2. 遵守“建筑设计防火规范”

新建改建的仓库要严格遵照“建筑设计防火规范”的规定，不得擅自搭建违章建筑，也不得随意改变建筑的使用性质。仓库的防火间距内不得堆放可燃物品，不得破坏建筑物内已有的消防安全设施、消防通道、安全门、疏散楼梯、走道，要经常保持畅通。

3. 易燃、易爆的危险品仓库必须符合防火防爆要求

凡是储存易燃、易爆物品的危险品仓库，进出的车辆和人员必须严禁烟火；储存危险品应专库专储，性能相抵触的商品必须严格分开储存和运输，专库须由专人管理，防止剧烈震动和撞击。易燃、易爆危险品仓库内，应选用不会产生电火花的电器开关。

4. 电气设备应始终符合规范的要求

仓库中的电气设备不仅安装时要符合规定要求，而且要经常检查，一旦发现绝缘损坏要及时更换，不应超负荷，不应使用不合规格的保险装置。电气设备附近不能堆放可燃物品，工作结束应及时切断电源。

5. 明火作业须经消防部门批准，方可动火

若需电焊、气割、烘烤取暖、炉灶、安装锅炉等须经有关的消防部门批准，才能动火工作。

6. 配备适量的消防设备和火灾报警装置要有防火安全措施

根据仓库的规模、性质、特点，配备一定数量的防火灭火设备及火灾报警器，按防火灭火的要求，分别布置在明显和便于使用的地点，并定期进行维护和保养，使之始终保持完好状态。

7. 遇火警或爆炸应立即报警

如遇仓库发生火情或爆炸事故，必须立即向当地的公安消防部门报警。事故过后，应根据“三不放过”的原则，认真追查原因，严肃处理事故责任者，并以此教育广大职工。

(五)常规的灭火方法

火灾是物质的燃烧过程，破坏燃烧的三个条件之一，就会达到灭火的目的，根据这一原理，常见的灭火方法有以下几种：

1. 冷却法

将灭火剂直接喷射到燃烧物上，以增加散热量，降低燃烧物的温度于燃点以下，使燃烧停止；或者将灭火剂喷洒在火源附近的物体上，使其不受火焰辐射热的威胁，避免形成新的火点。冷却灭火法是灭火的一种主要方法，常用水和二氧化碳作灭火剂冷却降温灭火。灭火剂在灭火过程中不参与燃烧过程中的化学反应。这种方法属于物理灭火方法。

2. 窒息法

窒息灭火法是阻止空气流入燃烧区或用不燃烧区和用不燃物质冲淡空气，使燃烧物得不到足够的氧气而熄灭的灭火方法。具体方法是：用沙土、水泥、湿麻袋、湿棉被等不燃或难燃物质覆盖燃烧物；喷洒雾状水、干粉、泡沫等灭火剂覆盖燃烧物；用水蒸气或氮气、二氧化碳等惰性气体灌注发生火灾的容器、设备；密闭起火建筑、设备和孔洞；把不燃的气体或不燃液体(如二氧化碳、氮气、四氯化碳等)喷洒到燃烧物区域内或燃烧物上。

3. 隔绝法

就是将火源处及其周围的可燃物质隔离或移开，燃烧会因缺少可燃物而停止。如将火源附近的可燃、易燃、易爆和助燃物品搬走；关闭可燃气体、液体管路的阀门，以减少和阻止可燃

物质进入燃烧区;设法阻拦流散的液体;拆除与火源毗连的易燃建筑物等。

4. 分散法

分散法是将集中的货物迅速分散，孤立火源，一般用于露天仓库。

三、仓储6S管理

(一)6S的含义

“6S”是整理(Seiri)、整顿(Seiton)、清扫(Seiso)、清洁(Seiketsu)、安全(Security)和修身(Shitsuke)这6个词的英文缩写。因为这6个词的英语的第一个字母都是“S”，所以简称为“6S”，开展以整理、整顿、清扫、清洁、修身和安全为内容的活动，称为“6S”活动。

(二)“6S”活动的内容

1. 整理。整理就是把需要与不需要的人、事、物分开，再将不需要的人、事、物加以处理。整理的目的是改善和增加作业面积、现场无杂物，行道通畅，提高工作效率;减少磕碰的机会，保障安全，提高质量;消除管理上的混放、混料等差错事故;有利于减少库存量，节约资金;改变作风，提高工作效率。

2. 整顿。整顿是把需要的人、事、物加以定量、定位。通过前一步整理后，对作业现场需要留下的物品进行科学合理的布置和摆放，以便用最快的速度取得所需之物，在最有效的规章、制度和最简捷的流程下完成作业。

3. 清扫。清扫是把工作场所打扫干净，设备异常时马上修理，使之恢复正常。生产作业现场在生产过程中会产生灰尘、油垢、铁屑、垃圾等，从而使现场变脏。脏乱的现场会使设备精度降低，故障多发，影响产品质量，使安全事故防不胜防;脏乱的现场更会影响人员的工作情绪。因此，必须通过清扫活动来清除那些脏物，创建一个明快、舒畅的工作环境。

4. 清洁。整理、整顿、清扫之后要认真维护，使现场保持完美和最佳状态。清洁，是对前三项活动的坚持与深入，从而消除发生安全事故的根源。

5. 安全。及时发现现场存在的安全隐患并予以排除，保障企业的财产和员工的生命安全。重视成员的安全教育，每时每刻都有安全第一的观念。

6. 修身。修身即教养，努力提高人员的修身，养成严格遵守规章制度的习惯和作风，这是“6S”活动的核心。没有人员素质的提高，各项活动就不能顺利开展，开展了也坚持不了。所以，抓“6S”活动，要始终着眼于提高人的素质。

☞ 任务操作

步骤一:建立岗位安全责任制度

建立健全的安全生产岗位责任制和治安保卫制度，并设专人负责岗位安全。

岗位安全责任制一般包括:岗位安全操作规程、危险品安全操作制度等。

治安保卫制度包括:门卫制度、值勤制度、交接班制度、防火制度等。

步骤二:建立警卫值班和干部值宿制度

仓库要组织日常巡逻和夜间值班，严防偷窃和破坏。门卫要加强对进出仓库的车辆、人员及商品的检查，凭进出仓库的有效凭证放行，并做好登记工作。

步骤三:以防为主，做好消防工作

仓库严格管理各类火种、火源、电源，严禁将各类火种及易燃品带入仓库。储货区与生活区应该严格隔离，储货区内不得设置员工集体宿舍。

培养一支消防队伍，设立专职或兼职的消防人员。仓库领导中要有人分管消防工作，制定消防安全制度、消防安全操作规程，配备相关的消防设备，并确定专人负责。定期组织防火检查，及时消除火灾隐患，保障疏散通道、安全出口畅通，并设置符合国家规定的消防安全疏散标志，如图1－3－1至1－3－3所示。

图1－3－1　禁止标志

图1－3－2　警告标志

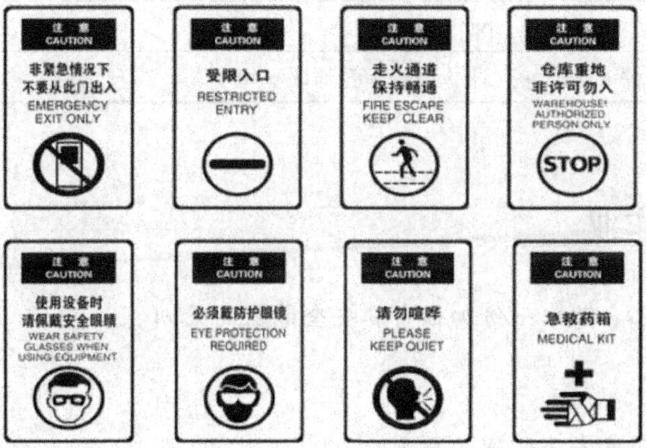

图1－3－3　提示标志

步骤四:加强安全教育和宣传工作

把安全工作变为广大职工的自觉行动。只有不断提高全体员工对安全重要性的认识，才能把安全管理工作落实到生产的每一环节中去，才能杜绝各种不安全的隐患。

☞ 任务评分

班级			姓名		小组			
任务名称		仓储安全管理						
考核内容		评价标准	参考分值（100）	学生自评	小组互评	教师评价	考核得分	
职业素养情况	1	具有较强的物品、人身安全意识	5					
	2	具有竞争意识	5					
	3	在任务实施过程中具备一定的组织能力和号召力	10					
知识掌握情况	4	了解仓库安全管理的重要性	5					
	5	熟悉火灾的分类	5					
	6	掌握引起仓库火灾的 10 种常见火源	10					
	7	熟悉仓储 6S 的含义及内容	10					
能力提升情况	8	能够对库房安全不断提出优化措施	10					
	9	了解仓储工作过程中各个岗位的安全操作规程	10					
	10	能够主动搜集所需信息，进行自主学习	10					
参与活动情况	11	积极参与任务实施	5					
	12	积极参与小组讨论	5					
	13	积极回答老师提问	10					
小计								
合计 = 自评 * 20% + 互评 * 40% + 教师评 * 40%								

☞操作习题作业

一、模拟案例

模拟一个仓储中心，做出一份加强仓库安全管理的策划。

二、知识考核

（一）单选题

1.（　　）不属于仓库安全管理的原则。

A. 及时发现并消除库内各种危险隐患

B. 有效防止灾害性事故发生

C. 保护仓库人、财、物的安全

D. 提高工作效率

2. 各种油类火灾，木材、纤维、橡胶等固体可燃物火灾应用（　　）灭火器灭火。

A. 干粉

B. 泡沫

C. 二氧化碳

D. 混和

3. 下图标识表示(　　)。

A. 禁止明火

B. 禁止烟火

C. 禁止燃烧

D. 禁带火种

(二)多选题

正确的报警方法有(　　)。

A. 拨打火警电话“119”

B. 把自己的电话号码和姓名告诉对方

C. 将火势大小以及着火的范围夸大

D. 打完电话后，要立即到交叉路口等候消防车的到来

模块二 入库作业 2

入库作业是在接到货品入库通知单后，经过一系列作业环节构成的工作过程。入库作业是仓储作业的开始，是指货物被运到仓储中心后，经过验单、装卸搬运、分类编码、验收入库、办理交接手续、处理入库信息等环节，确认货物后，按预定的货位进行储存入库等一系列的工作过程。入库的质量将直接影响到货物的储存保管以及出库作业等工作的顺利进行。入库作业的一般流程如图2－1所示：

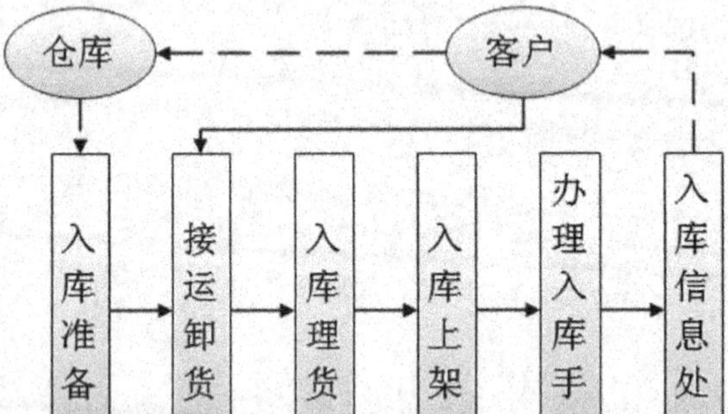

图2－1　入库作业流程图

▶学习要点

1. 了解货品入库作业流程；
2. 掌握货品入库准备作业内容；
3. 掌握货品入库交接作业内容；
4. 掌握货品入库操作作业内容；
5. 货品入库过程中遇到问题的处理办法。

▶案例导入

2014年2月26日，华夏物流仓储中心收到惠万家超市以E-mail形式发来的入库申请，要求于2014年2月27日13:00入库一批咖啡机，共计20箱。根据仓储合同及存货货品特性，该批货物可以正常入库。当接到入库通知后，小聪在华储要完成入库准备、入库验收、入库理货、入库上架等相关的入库业务。

任务一　入库准备

入库前的准备工作是指仓储部门接到客户的入库通知或入库申请后，根据入库内容合理组织货物的接运工作，合理安排货位，准备好装卸搬运、验收的工具和堆码苫垫材料，并合理组织人力，同时准备货物入库所需的各种单证，如入库单、检验单、残损单等。入库准备工作的一般流程如图2-1-1所示：

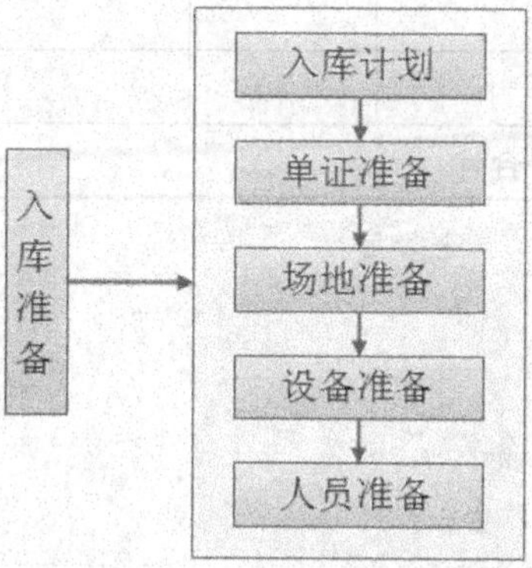

图2-1-1　入库准备作业流程图

☞ 任务目的

1. 能够根据入库计划进行入库准备，包括凭证、设备、场地、人员的准备工作；
2. 掌握仓储管理系统仓储管理系统中订单录入的操作内容和操作步骤；
3. 了解第三方物流企业入库订单处理的流程。

☞任务内容

2014 年 2 月 26 日，华夏物流仓储中心客服部的单证信息员张乐收到惠万家超市的入库申请。惠万家超市的供应商将于2014 年 2 月 27 日 13:00 送来一批咖啡机，共计20 箱。单证信息员张乐需要根据客户的《入库通知单》在仓储管理系统中完成入库单的录入工作，仓管员小聪需要根据《入库通知单》准备货物接运工作。

入库通知单如下表所示：

入库通知单

仓库名称：华夏物流仓储中心　　　　2014 年 2 月 26 日

<table>
<tr><td colspan="2">批次</td><td colspan="7">201402260001</td></tr>
<tr><td colspan="2">客户名称</td><td colspan="7">惠万家超市</td></tr>
<tr><td colspan="2">采购订单号</td><td colspan="7">201402260101</td></tr>
<tr><td colspan="2">客户指令号</td><td colspan="7">201402260201</td></tr>
<tr><td colspan="2">入库时间</td><td colspan="2">2014－02－27－13:00</td><td>质量</td><td colspan="4">正品</td></tr>
<tr><td colspan="2">入库申请人</td><td colspan="2">李晶晶</td><td>电话</td><td colspan="4">15507835983</td></tr>
<tr><td colspan="2">入库方式</td><td colspan="2">送货</td><td>入库类型</td><td colspan="4">正常</td></tr>
<tr><td>序号</td><td>货品编号</td><td>名称</td><td>单位</td><td>包装规格（mm）</td><td>申请数量</td><td>实收数量</td><td colspan="2">备注</td></tr>
<tr><td>1</td><td>6903760487999</td><td>咖啡机</td><td>箱</td><td>600×400×220</td><td>20</td><td></td><td colspan="2"></td></tr>
<tr><td></td><td></td><td></td><td></td><td></td><td></td><td></td><td colspan="2"></td></tr>
<tr><td></td><td></td><td></td><td></td><td></td><td></td><td></td><td colspan="2"></td></tr>
<tr><td colspan="5">合计</td><td>20</td><td></td><td colspan="2"></td></tr>
</table>

送货员：王波　　　　仓管员：

☞任务准备

模拟华夏物流仓储中心，准备：

仓储管理系统 1 套、打印机 1 台。

☞任务分工

本任务人员岗位分工为：

岗位	岗位职责	主要内容	技能要求与基本素质	对应人员
单证信息员	负责货物入库信息的录入和打印； 负责信息的报送，确保信息的准确性、及时性。	接收客户货物入库通知，并审核； 货物入库单的制作、打印； 将准备好的入库凭证准确、及时传达给仓管员。	理解单据的含义与重点、能够独立完成表单的制作； 具有较强的沟通能力，熟悉办公软件的应用。	张乐
仓管员	接收入库凭证； 做好入库准备。	从单证信息员处接收入库相关凭证； 根据凭证信息，做好设备、场地、人力的准备工作。	了解各种货物的性质，合理组织货物接收准备； 具有较强的协调能力、沟通能力。	小聪

☞任务资讯

一、货物入库前的准备工作

仓库各部门根据仓储合同、入库通知单或者入库计划及时做好入库前的准备工作，确保货物可以准确迅速地入库，保证入库过程的顺利进行。入库准备需要由仓库的业务部门、仓库管理部门、设备作业部门分工合作，共同完成，主要有以下工作：

（一）熟悉入库货物

仓库业务、管理人员应认真查阅入库货物资料（必要时可向存货人咨询），掌握入库货物的品种、规格、数量、包装状态、单件体积、到库确切时间、货物的物理化学特性以及保管要求等，根据上述信息妥善做好库场安排和准备。

（二）掌握仓库库场情况

仓库业务、管理人员要了解货物的入库时间、保管期间仓库的库容、设备和人员的变动情况以便安排工作。必要时对仓库进行清查、清理归位，以便腾出仓容。如果有必须使用重型设备操作的货物，一定要保证该货位可进行重型设备的作业。

（三）制订货物入库计划

仓库作业部门根据货品情况、仓库情况、设备情况，制订仓储计划，并将任务下达到各相应作业的管理部门。

（四）设备的准备

仓库理货人员根据物品情况和仓储管理制度，确定验收方案，准备验收所需要的计件、开箱、检斤、测试、装箱、丈量、移动、照明等器具。

同时，要根据到达货物品的特性、货位、设备条件、人员等情况，科学合理地制定卸车搬运工艺，备好相关装卸搬运作业设备，安排好卸货站台或场地，保证装卸搬运作业效率。

（五）人员的准备

根据作业量的大小和专业化程度的高低，安排数量相符、技能娴熟的搬运、堆码、检验等相关作业人员及时到位，安全高效率地完成入库工作。

（六）货位准备

仓库部门要根据入库货物的特性、体积、质量、数量和到货时间等信息，结合仓库分区分类要求，核算货位的大小，根据先进先出的原则，妥善安排货位、验收场地，做好确定堆码方法。同时，要彻底清理货位、清除残留物、清理排水管道（沟），必要时安排消毒除虫、铺地，详细检查照明、通风等设备，发现损坏及时报修。

（七）苫垫用品的准备

确定好货位后，还要做好防雨、防潮、防尘、防晒准备，即准备相应的苫盖衬垫材料。苫盖材料主要用于物品免受风吹、雨打、日晒、冰冻的侵蚀，苫盖材料主要包括塑料布、席子、油毡、铁皮、苫布等。

（八）单证的准备

仓库管理人员要根据入库计划将入库作业工作中所需的入库记录单、验收单、货卡等各种单据、凭证、报表事先准备好以备使用。

二、货物入库准备过程中需要注意的问题

首先，注意避免订单录入中一些常见的错误，确保录入时货物名称、货物数量的正确性，能够生成作业计划。

其次，仓库各部门应提前了解货品的相关信息，货品的性能、数量、类别，根据仓库的仓容、设备、人员安排入库准备工作。根据货位使用原则，妥善安排货位，验收场地，确定堆码方法和苫垫方案。安排好货物验收入库人员、搬运堆码人员以及货物入库工作流程，确定各个环节所需的人员和设备。

最后，根据货品、货位、设备和人员的条件来合理科学地制订卸车搬运工艺，保证作业效率；对货品入库所需的各种报表、单证、记录簿等，如入库记录、理货检验单、料卡、残损单等需妥善保管，以备使用。

☞任务操作

步骤一：接收入库通知

2014 年 2 月 26 日 9:00 华夏物流仓储中心客服部单据信息员张乐打开 E－mail 收到惠万家超市的《入库通知单》，张乐首先确认《入库通知单》中货物的到货信息，确认信息的内容包括：客户名称、客户编码、货物名称、货物数量、货物规格及入库时间等。如表 2－1－1 所示：

入库通知单

表2-1-1　　仓库名称：华夏物流仓储中心　　2014 年 02 月 26 日

批次		201402260001					
客户名称		惠万家超市					
采购订单号		201402260101					
客户指令号		201402260201					
入库时间		2014-02-27-13:00		质　量	正品		
入库申请人		李晶晶		电　话	15507835983		
入库方式		送货		入库类型	正常		
序号	货品编号	名称	单位	包装规格（mm）	申请数量	实收数量	备注
1	6903760487999	咖啡机	箱	600×400×220	20		
合　　计					20		

送货员：王波　　　　仓管员：

步骤二：在仓储管理系统录入入库订单

信息确认无误后，张乐需要完成《入库通知单》在仓储管理系统中的录入工作。操作流程如下：

1. 登录仓储管理系统的订单管理模块，如图 2－1－2 所示：

图 2－1－2　仓储管理系统

2. 进入【订单录入】的选择界面，点击【入库订单】选项按钮，如图 2－1－3 所示：

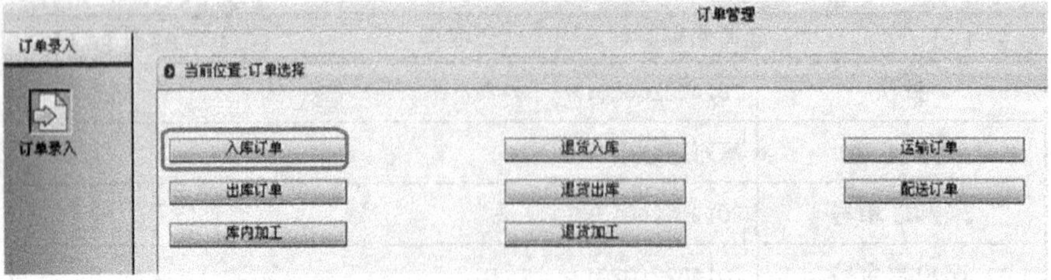

图 2－1－3　订单录入选择界面

进入到入库订单录入界面，如图 2－1－4 所示：

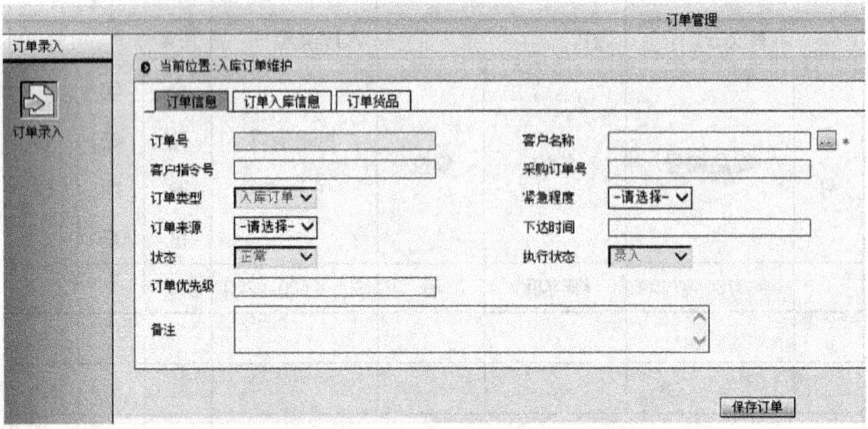

图 2－1－4　入库订单录入界面

在图 2－1－4 中，张乐需要根据《入库通知单》内容依次完成【订单信息】、【订单入库信息】和【订单货品】的录入。

3. 点击【订单信息】选项，录入订单信息，录入完成后，如图 2－1－5 所示：

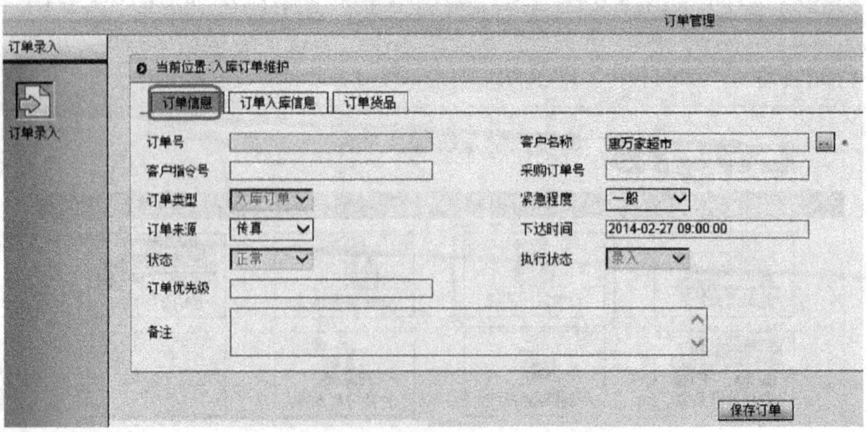

图 2－1－5　订单信息录入

4. 点击【订单入库信息】选项，录入订单入库信息，录入完成后，如图 2－1－6 所示：

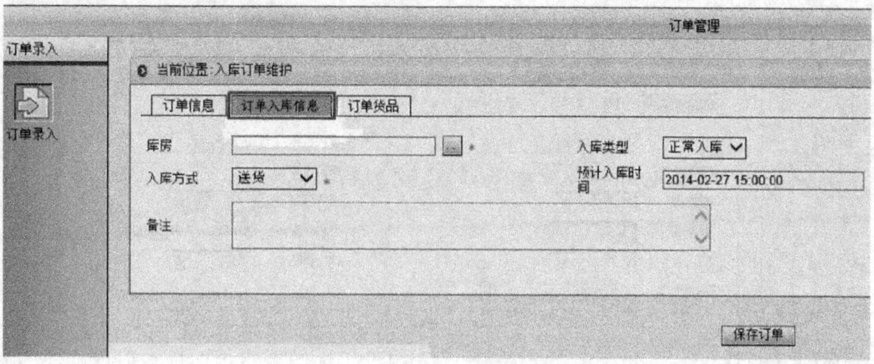

图 2－1－6　订单入库信息录入

5. 点击【订单货品】选项，录入订单货品，录入完成后，如图 2－1－7 所示：

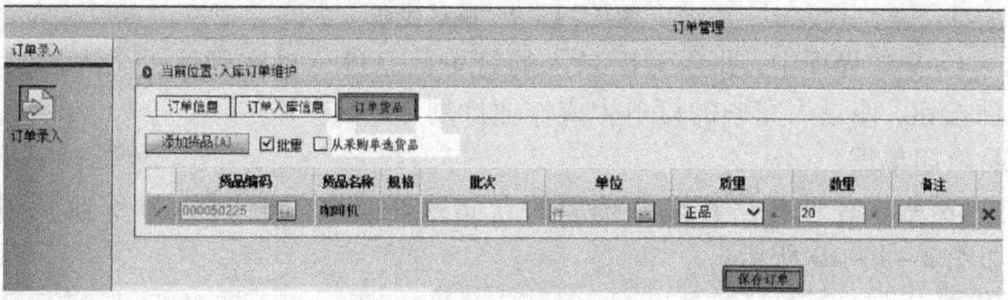

图 2－1－7　订单货品录入

6. 当所有信息录入完毕后，点击图 2－1－7 中的【保存订单】选项按钮，即完成入库订单的录入工作。

步骤三：生成作业计划

入库订单录入完毕后，在订单录入界面勾选录入完毕的订单，如图 2－1－8 所示：

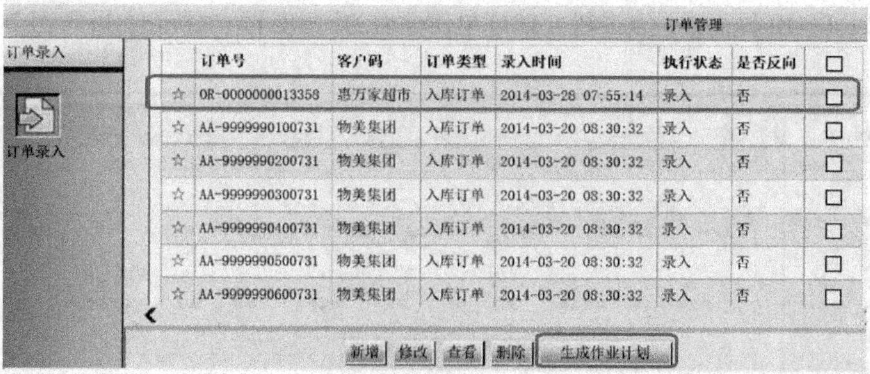

图 2－1－8　勾选录入完毕的订单

在图2－1－8的界面中，点击【生成作业计划】选项按钮，进入如图2－1－9所示界面：

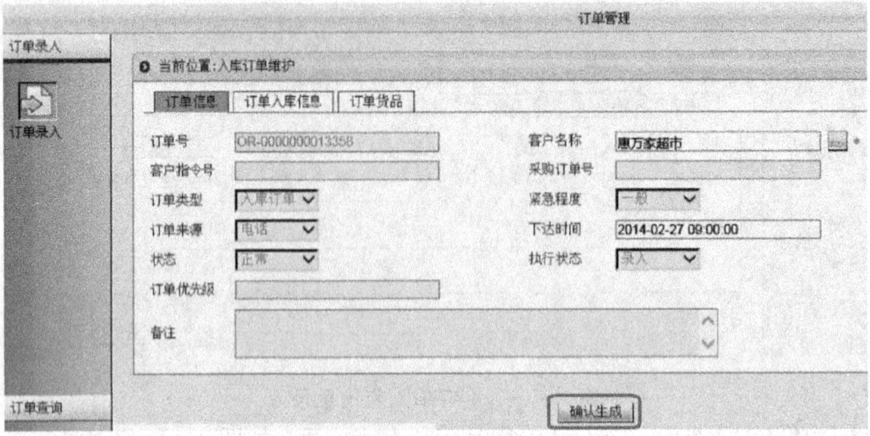

图2－1－9　确认生成

在图2－1－9的界面中，张乐对已录入的订单信息进行再次确认，确认无误后点击【确认生成】选项按钮，使录入完毕的订单生成作业计划。

步骤四：打印单据

单证信息员张乐登录仓储管理系统中的仓储管理模块，进入【入库作业】→【入库预处理】界面，如图2－1－10所示：

图2－1－10　入库预处理

在图2－1－10界面中，点击待处理订单任务后的【调度】选项按钮，进入图2－1－11所示界面：

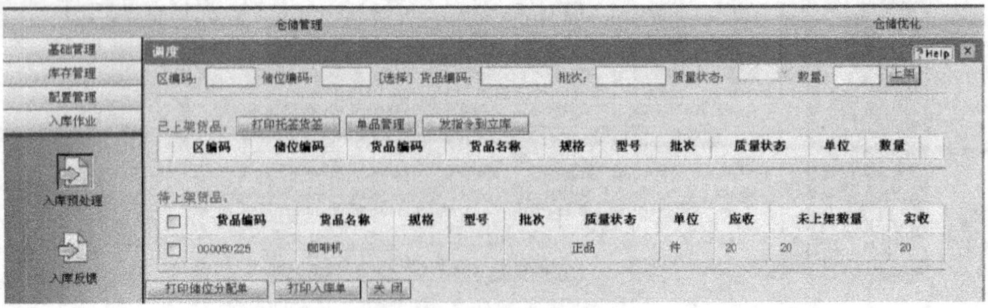

图2－1－11　选择打印任务

在图2－1－11界面中，点击【打印入库单】选项按钮，完成纸质版入库单的打印工作。打印完成的纸质版入库单如表2－1－12所示：

入库单

作业计划单号

表2-1-2 0000000000023050

cc 配送中心 应收总数：20.0 实收总数

客户名称： 客户编号：OL0100880 客户指令： 日期：×年×月×日

产品名称	条形码	规格	单位	应收数量	实收数量	货位号	批号	备注
咖啡机		1X1	箱	20				

仓管员（签字）： 送货人（签字）：

在图2－1－11界面中，点击【打印储位分配单】选项，完成纸质版储位分配单的打印工作。打印完成的纸质版储位分配单如表2－1－13所示：

储位分配单

表2-1-3　　　　　　　　　　　　操作编码:　　　　0000000000046008

作业单号	0000000000023050		库房					
货品明细								
位置	货品编码	货物名称	规格	批次	应收	应收	单位	备注
C00800-A00003		咖啡机	1X1	12002	20		箱	

步骤五:合理组织人力

仓储中心的仓管员小聪在接收到客服部单证信息员张乐的入库任务后，根据入库单上货物到达的时间、地点、数量等，预先安排好装卸搬运、检验、堆码、信息采集等几名工作人员来组织完成工作。

步骤六:接运设备准备

根据入库单上货物的到货信息，小聪预先确定了搬运、检验、计量的方法，准备好相关设备，以及必要的防护用品用具。由于货物数量、体积较小，小聪对本次接运任务采用人工卸货，配备手动液压搬运车、手动液压堆高车、标准托盘(1000mm×1200mm)及必要的加固薄膜等用品来完成货品入库作业的物力准备。接运作业中用到的相关设备如图2-1-12所示:

手动液压搬运车

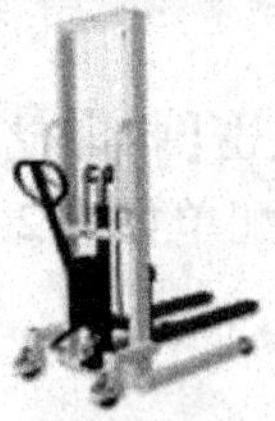

手动液压堆高车

标准托盘

加固薄膜

图2-1-12　接运相关设备

步骤七：入库储区确定

小聪根据客户货品特性，仓库储位分配原则将入库的咖啡机决定存放在托盘货架区的C00800－A00003的空货位上。

☞ 任务评分

班级		姓名		小组			
任务名称		入库准备					
考核内容		评价标准	参考分值（100）	学生自评	小组互评	教师评价	考核得分
职业素养情况	1	具有高度的责任感	5				
	2	具有良好的人际交际能力	5				
	3	在任务实施过程中要有足够的耐心以及熟悉仓储软件的操作流程	10				
知识掌握情况	4	了解货物入库前的准备工作	15				
	5	掌握仓库库场情况	10				
	6	熟悉入库准备的流程	5				
能力提升情况	7	能够根据入库计划进行入库准备，包括凭证、设备、场地、人员的准备工作	10				
	8	掌握仓储管理系统中订单录入的操作内容和操作步骤	10				
	9	能够主动搜集所需信息，进行自主学习	10				
参与活动情况	10	积极参与任务实施	5				
	11	积极参与小组讨论	5				
	12	积极回答老师提问	10				
小计							
合计＝自评＊20%＋互评＊40%＋教师评＊40%							

☞操作习题作业

一、模拟案例

2014年3月1日，华夏物流仓储中心客服部的单证信息员张乐收到惠万家超市的入库申请。惠万家超市的供应商将于2014年3月2日上午9:00送来一批微波炉，共计30箱。单证信息员张乐需要根据客户的《入库通知单》在仓储管理系统中完成入库单的录入工作，仓管员小聪需要根据《入库单》准备货物接运工作。

入库通知单如下表所示：

入库通知单

仓库名称:华夏物流仓储中心 2014 年 3 月 1 日

<table>
<tr><td colspan="2">批次</td><td colspan="6">201403010011</td></tr>
<tr><td colspan="2">客户名称</td><td colspan="6">惠万家超市</td></tr>
<tr><td colspan="2">采购订单号</td><td colspan="6">201403010111</td></tr>
<tr><td colspan="2">客户指令号</td><td colspan="6">201403010211</td></tr>
<tr><td colspan="2">入库时间</td><td colspan="2">2014 - 3 - 1 - 9:00</td><td>质量</td><td colspan="3">正品</td></tr>
<tr><td colspan="2">入库申请人</td><td colspan="2">李晶晶</td><td>电话</td><td colspan="3">15507835983</td></tr>
<tr><td colspan="2">入库方式</td><td colspan="2">送货</td><td>入库类型</td><td colspan="3">正常</td></tr>
<tr><td>序号</td><td>货品编号</td><td>名称</td><td>单位</td><td>包装规格（mm）</td><td>申请数量</td><td>实收数量</td><td>备注</td></tr>
<tr><td>1</td><td>6903760487888</td><td>微波炉</td><td>箱</td><td>570 × 380 × 390</td><td>30</td><td></td><td></td></tr>
<tr><td></td><td></td><td></td><td></td><td></td><td></td><td></td><td></td></tr>
<tr><td></td><td></td><td></td><td></td><td></td><td></td><td></td><td></td></tr>
<tr><td colspan="5">合计</td><td>30</td><td></td><td></td></tr>
</table>

送货员:王波　　　　　　　　　　仓管员:

请按照案例要求，做模拟准备，完成入库准备操作练习。

二、知识考核

(一)单选题

1. 在货位的准备过程中，大多应按照的原则是(　　)。

A. 后进先出

B. 先进后出

C. 先进先出

D. 后进后出

2. 在接到入库通知单，并审核单据正确后，应(　　)。

A. 录入入库订单

B. 打印入库订单

C. 联系存货单位

D. 完成入库作业

3. 下列属于入库前准备工作的是(　　)。

A. 商品验收

B. 货位准备

C. 转货作业

D. 手续交接

(二)多选题

1. 货物入库前的准备工作包括(　　)。

A. 熟悉入库货物

B. 掌握仓库库场情况

C. 制订货物入库计划

D. 入库物力准备

2. 仓库各部门在对货品进行入库准备时，首先应提前了解货品的相关信息，其中包括(　　)。

A. 货品的性能

B. 货品的数量

C. 货品的类别

D. 货品的价值

(三)判断题

1. 入库作业计划主要包括到货时间、接运方式、包装单元与状态、存储时间及物品的名称、品种、规格、数量、单件体积与重量、物理、化学、生物特性等详细信息。

2. 对货品入库所需的各种报表、单证、记录簿等，如入库记录、理货检验单、料卡、残损单等需填妥善，以备使用。

3. 仓库应根据仓储合同或者入库单、入库计划，及时进行库场准备，以使货物能按时入库，保证入库过程的顺利进行。

任务二　入库交接

☞ 任务目的

1. 完成入库交接单据的核对；

2. 熟悉货物验收的具体方法，能正确选择验收方式；

3. 能够独立完成入库交接工作及入库单据的签收。

☞ 任务内容

2014 年 2 月 27 日 15:00，华夏物流仓储中心的仓管员小聪收到客户惠万家超市送来的一批咖啡机，货物接运工作已经完毕，小聪需要与送货单位的负责人王波完成货物的入库交接验收工作。小聪按照准备好的入库单如表 2－2－1 所示，与送货员王波的送货单(如表 2－2－2 所示)进行核对，并完成货物的验收及签单工作。

入库单

作业计划单号

表2-2-1　　　　　　　　　　　　　　　　　　　　　　0000000000023050

cc　配送中心　　　　　　　　应收总数：20.0 实收总数

客户名称：　　　　客户编号：OL0100880 客户指令：　日期：

产品名称	条形码	规格	单位	应收数量	实收数量	货位号	批号	备注
咖啡机		1X1	箱	20				

仓管员（签字）：　　　　　　　　送货人（签字）：

惠万家超市送货单

表2-2-2　　地址（Address）：柳州市嫦娥路1号

电话（TEL）：0773-9991111 传真（FAX）：0773-9992222

客户名称：华夏物流仓储中心

地　　址：柳州市东环大道1号　　　　　　送货单号：201402272211

电　　话：0773-5551111　　　　　　　　送货时间：2014年02月27日

货品名称	包装方式	应收数量	实收数量	单价	金额
咖啡机	箱	20			
备注					

收货员签字：　　　　　　　　　　送货员签字：

☞ 任务准备

模拟华夏物流仓储中心，准备：

收货月台、打印好的入库单、送货单、验收计量设备、签字笔、模拟货物20箱（600mm × 400mm × 220mm）等。

☞任务分工

本任务人员岗位分工为：

岗位	岗位职责	主要内容	技能要求与基本素质	对应人员
仓管员	安排好验收相关工作人员； 准备相关单据； 做好交接准备； 验收后确认签字。	做好货物交接准备； 进行货物接运，并核对相关凭证，签字确认； 与供货方沟通，处理货物异常情况； 填写验收记录表。	了解各种货物的性质，合理组织货物验收； 具有较强的协调能力、沟通能力。	小聪
验收技术人员	根据货物属性，完成货物验收工作； 将验收结果汇报仓管员。	根据入库单中记载内容与货物对应关系，完成货物数量、品种等验收； 根据货物的特性与一般验收标准，完成货物的外观验收； 将验收结果汇报给仓管员。	充分了解货物特性及一般货物验收标准； 了解货物包装要求； 了解单据记载内容与货物的对应关系； 迅速、准确、高效地完成清点工作； 有团队合作意识。	韦一
装卸搬运人员	根据货物特性，完成货物的卸下，并存放在收货月台。	配合数量验收； 按照要求，完成货物的卸货作业，并保证作业安全。	充分了解货物的特性； 掌握一般货物的装卸搬运方法； 有团队合作意识。	王强
送货员	完成货物的运输。	按照要求，按时完成送货作业； 将货物交由收货人，并与收货人签字确认； 将签收后的单据带回，交给供货单位留档。	安全完成货物的送达； 送货及时、零投诉； 有责任心。	王波

☞任务资讯

一、交接手续的内容

交接手续是指仓库部门对收到的物品向送货人进行确认，表示已接收物品。办理完交接手续，意味着划清运输、送货部门和仓库的责任。完整的交接手续包括接收货物、接收文件和签署单证三项内容。

（一）接收货物

仓库通过理货、查验货物，将不良的货物剔除、退回或者编制残损单证等明确责任，确定收到货物的确切数量及货物表面状态良好。

（二）接收文件

接受送货人送交的货物资料、运输的货物记录、普通记录等，以及相应的随货文件，如准运单等。

（三）签署单证

仓库与送货人或承运人共同在送货人交来的送货单、交接清单上签字，并留存相应单证。仓库提供相应的入库、查验、理货、残损单证或事故报告，送货人或承运人要共同签字确认。

二、入库验收流程

完成入库交接单据的核对后，最重要的是对货物的验收。货物入库验收是根据合同或者标准的规定要求，对标的物品的品质、数量、包装等进行检查、验收的总称。货物入库前必须进行货物验收工作。其主要目的体现在：

1. 验收是做好货物保管保养的基础；
2. 验收记录是仓储企业提出退货、换货和索赔的依据；
3. 验收是避免货物积压，减少经济损失的重要手段；
4. 验收有利于维护货主的利益。

货物验收工作是一项对时间性、技术性、准确性要求很高的工作。基本要求是在进行货物验收时，要做到"及时、准确"。入库交接的一般作业流程如图 2－2－1 所示：

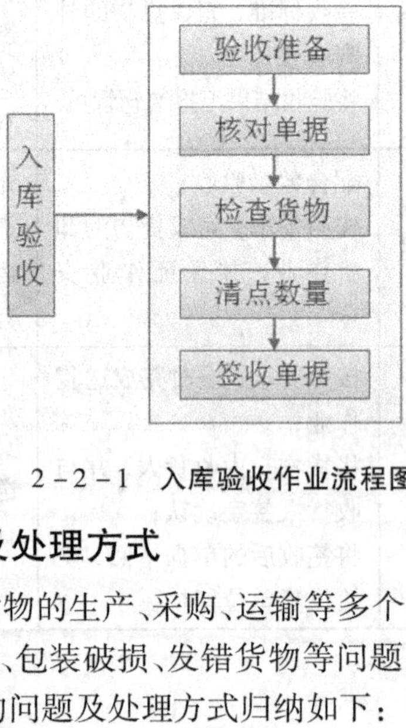

2－2－1　入库验收作业流程图

三、验收中的异常问题及处理方式

货物到达仓库前，要经过货物的生产、采购、运输等多个作业环节，因此，在物品检验过程中会发现证件不齐、数量短缺、包装破损、发错货物等问题，仓库管理部门应区别不同情况给予及时处理。现将几种常见的问题及处理方式归纳如下：

（一）单据方面的问题及处理

验收单据问题主要是指验收需要的证件未到或证件不齐全。入库货物必须具备入库通知单，订货合同副本，供货单位提供的材质证明书、装箱单、磅码单、发货明细表以及承运单位的运单等资料。凡资料未到或资料不齐的，应及时向供货单位索取。该物品则作为待验物品堆放在待验区，待与物品相关的资料到齐后再验收。

（二）数量检验的问题及处理

货品数量短缺或溢余在规定范围内的，可按原数入账。凡超过规定范围的，应查对核实，做好验收记录，填写磅码单并与货主单位进行交涉。实际数多于原发料量的，可由主管部门向供货单位退回多发数或补发货款。对于数量短缺较大的情况，可选择按实数签收并及时通知货主单位的方式进行解决。

（三）包装方面的问题及处理

货品外包装出现严重破损、变形、水渍等情况时，应及时向供货单位办理退货或换货。在此之前，不可入库或退回。

（四）证物不符的问题及处理

验收过程中发现验收单证与实物不符的情况时，应把到库货品放置于待检区，将情况做成验收记录交给主管部门办理退货。

入库前的物品检验是一项技术要求高、组织严密的工作，直接关系到整个仓储业务能否顺利进行，必须做到及时、准确、严格、经济。仓库对货物验收中的具体问题，可用书面形式通知货主或发货方要求查明情况进行处理。可采用货物溢余、短缺、破损查询单的形式。

☞任务操作

步骤一：验收准备

华夏物流仓储中心仓管员小聪在接到货物到货通知后，根据货物的性质和批量提前做好验收的准备工作，工作内容包括：

1. 人员准备。安排好配合数量验收的装卸搬运人员王强和负责验收的技术人员韦一。

2. 资料准备。整理待验货物的验收凭证、资料，收集并熟悉待验商品的有关文件，如技术标准、订货合同等。

3. 设备准备。由入库通知单可知本次入库货物是 20 箱咖啡机，因此不需要准备计量工具，仓管员小聪只需要做好装卸搬运机械的准备。

4. 货位准备。确认货物的存放位置，同时选择合理的堆码垛型和保管方法。

步骤二：货物接运

货物到达后，仓管员小聪开始进行入库交接的工作：

1. 仓管员小聪检查送货车门封闭是否良好；

2. 车门封闭完好的情况下，查看货物外观质量和包装捆扎情况，有无进水、受潮、污染、弯曲等损坏现象；

3. 根据入库单核对到货品名、规格型号和标志，并仔细点清件数。

在仓管员小聪做完所有的检查并保证完好后，安排装卸人员王强进行卸货作业时，将货物放置在指定收货月台。

步骤三：核对凭证

仓管员小聪需要核对送货员王波提交的送货单和之前发来的入库申请单，核对入库货品的名称、规格、数量等内容。主要核对送货单上的货物名称、数量、规格以及客户名称、送货日期等信息是否与入库单一致，相符后才可以进入下一步的实物检验。如果发现证件不齐或不符等情况，要与存货、供货、承运单位及相关业务部门及时联系解决。

经仓管员小聪核对后，入库单与送货单内容一致，可以进行货物的实际验收。

步骤四：验收货物

根据华夏物流仓储中心与客户签订的仓储合同，在进行实物验收时，华夏物流仓储中心负责验收的技术人员韦一根据入库单和有关技术资料对实物进行数量和外观质量的检查。

1. 验收人员韦一凭入库单，对物品包装货物名称、规格、件数、货物条形码、货物件数等进行核对，以单对货，确保单货相符。

2. 验收人员韦一对货物的外观质量进行检验。检验货物的包装外形或检查货物是否被污染，有无潮湿、压损、破损等情况。

在验收过程中，验收人员韦一发现本批入库货物中有 2 箱外包装破损、1 箱货物为蒸蛋机。

步骤五：异常货物处理

货物验收结束后，验收人员韦一将验收结果汇报给仓管员小聪，仓管员小聪针对验收结果中的 2 箱外包装破损、1 箱货物串货为蒸蛋机的情况与供货方联系，并查明原因：

1. 2 箱外包装破损的货物是由于运输过程中挤压导致；

2. 1 箱咖啡机串货发成蒸蛋机。

经双方交涉后作出了明确的处理方法：

1. 在下次送货时将包装破损、串货的货物共 3 箱补齐；

2. 仓管员小聪将 2 箱外包装破损、1 箱串货的面包机拍照并单独存放，待下次供货方送货时随车返回。

步骤六：交接手续

在完成货物的验收工作后。仓管员小聪要与送货员王波进行交接：

1. 仓管员小聪根据实际验收情况填写入库单实收数量、备注异常状况并签上自己的名字；

2. 送货员王波在入库单中“送货人签字”的位置签字确认。如表 2－2－3 所示：

入库单

作业计划单号

表2-2-3　　　　0000000000023050

cc 配送中心　　应收总数：20　　实收总数：17

客户名称：　　客户编号：OL0100880　　客户指令：　　日期：

产品名称	条形码	规格	单位	应收数量	实收数量	货位号	批号	备注
咖啡机		1X1	箱	20	17			
								2箱外包装破损、1箱串货为面包机，待下次送货时将包装破损、串货的货物共3箱补齐。

仓管员（签字）：小聪　送货人（签字）：王波

3. 仓管员小聪按照送货员王波的要求在送货单上填写实收数量、验收结果，并在"收货人签字"的位置签字确认。签字确认后的送货单如表 2-2-4 所示：

惠万家超市送货单

表2-2-4 地址（Address）：桂林市中山中路40号

电话（TEL）：0773-9991111 传真（FAX）：0773-9992222

客户名称：华夏物流仓储中心

地 址：桂林市金鸡路2号 送货单号：201402272211

电 话：0773-5551111 送货时间：2014年02月27日

货品名称	包装方式	应收数量	实收数量	单价	金额
咖啡机	箱	20	17		
备注	2箱外包装破损、1箱货物串货为面包机，待下次送货时将包装破损、串货的货物共3箱补齐。				

收货员签字：小聪 送货员签字：王波

签字完毕的入库单和送货单仓库和送货单位各收留一联。

步骤七：处理入库信息

入库交接完毕后，仓管员小聪根据入库验收情况完成验收记录表，填写完毕后的验收记录表，见表 2-2-5 所示：

华夏物流仓储中心货物验收记录表

表2-2-5

客 户：惠万家超市

到货时间：2014年02月27日 合 同 号：HT1012

入库单号：23050 验收时间：2014年02月27日

货物名称	规格	单位	应收数量		实收数量		盈亏
			件数	质量	件数	质量	
咖啡机	600MM×400MM×220MM	箱	20		17		亏

☞ 任务评分

<table>
<tr><td colspan="2">班级</td><td></td><td>姓名</td><td colspan="2"></td><td>小组</td><td></td></tr>
<tr><td colspan="2">任务名称</td><td colspan="6">入库交接</td></tr>
<tr><td colspan="2">考核内容</td><td>评价标准</td><td>参考分值（100）</td><td>学生自评</td><td>小组互评</td><td>教师评价</td><td>考核得分</td></tr>
<tr><td rowspan="3">职业素养情况</td><td>1</td><td>具有良好的沟通能力和合作精神</td><td>5</td><td></td><td></td><td></td><td></td></tr>
<tr><td>2</td><td>具有严密、严格的工作态度</td><td>5</td><td></td><td></td><td></td><td></td></tr>
<tr><td>3</td><td>在任务实施过程中或任务成果中具有创新性</td><td>10</td><td></td><td></td><td></td><td></td></tr>
<tr><td rowspan="3">知识掌握情况</td><td>4</td><td>了解交接手续的内容</td><td>10</td><td></td><td></td><td></td><td></td></tr>
<tr><td>5</td><td>掌握货物验收的目的与基本要求</td><td>15</td><td></td><td></td><td></td><td></td></tr>
<tr><td>6</td><td>熟悉验收准备的工作内容，对货物交接中出现的货物差错与送货员进行沟通</td><td>5</td><td></td><td></td><td></td><td></td></tr>
<tr><td rowspan="3">能力提升情况</td><td>7</td><td>熟悉货物验收的具体方法，能正确选择验收方式</td><td>10</td><td></td><td></td><td></td><td></td></tr>
<tr><td>8</td><td>能够独立完成入库交接工作及入库单据的签收</td><td>10</td><td></td><td></td><td></td><td></td></tr>
<tr><td>9</td><td>能够主动搜集所需信息，进行自主学习</td><td>10</td><td></td><td></td><td></td><td></td></tr>
<tr><td rowspan="3">参与活动情况</td><td>10</td><td>积极参与任务实施</td><td>5</td><td></td><td></td><td></td><td></td></tr>
<tr><td>11</td><td>积极参与小组讨论</td><td>5</td><td></td><td></td><td></td><td></td></tr>
<tr><td>12</td><td>积极回答老师提问</td><td>10</td><td></td><td></td><td></td><td></td></tr>
<tr><td colspan="4">小计</td><td></td><td></td><td></td><td></td></tr>
<tr><td colspan="4">合计 = 自评 * 20% + 互评 * 40% + 教师评 * 40%</td><td colspan="4"></td></tr>
</table>

☞操作习题作业

一、模拟案例

2014 年 2 月 27 日 15:00，华夏物流仓储中心的仓管员小聪收到客户惠万家超市送来的一批微波炉，货物接运工作已经完毕，小聪需要与送货单位的负责人王波完成货物的入库交接验收工作。小聪按照准备好的入库单如表 2 - 2 - 6 所示，与送货员王波的送货单（如表 2 - 2 - 7 所示）进行核对，并完成货物的验收及签单工作。

入库单

作业计划单号

表2-2-6　　　　0000000000023050

cc　配送中心　　应收总数：15　　实收总数：

客户名称：　　客户编号：OL0100880 客户指令：　　日期：

产品名称	条形码	规格	单位	应收数量	实收数量	货位号	批号	备注
微波炉		1X1	箱	15				

仓管员（签字）：______　送货人（签字）：______

惠万家超市送货单

表2-2-7　　地址（Address）：桂林市中山中路40号

电话（TEL）：0773-9991111 传真（FAX）：0773-9992222

客户名称：华夏物流仓储中心

地址：桂林市金鸡路2号送货单号：201402272211

电话：0773-555111 送货时间：2014年02月27日

货品名称	包装方式	应收数量	实收数量	单价	金额
微波炉	箱	15			
备注					

收货员签字：　　　　送货员签字：

请按照案例要求，做模拟准备，完成入库验收操作练习。

二、知识考核

(一)单选题

1. 货物数量短缺或溢余在(　　),可按原数入账。

A. 规定范围内

B. 超过规定范围

C. 数量短缺较大

D. 数量溢余较大

2. 货物外包装出现严重破损、变形和水渍等情况,属于验收的(　　)问题。

A. 数量问题

B. 质量问题

C. 凭证问题

D. 重量问题

(二)多选题

1. 仓管员应根据货物的性质和批量提前做好验收的准备工作,其工作内容包括(　　)。

A. 人员准备

B. 资料准备

C. 设备准备

D. 货位准备

(三)判断题

1. 货物外包装出现严重破损、变形和水渍等情况时,要及时通报货主单位,处理意见未下达前,不可入库或退回。

2. 凡"入库通知单"或其他证件已到,在规定的时间未见商品到库时,无须等待,更不要向主管部门汇报。

3. 对于数量短缺较大的情况,可选择按实数签收并及时通知货主单位的方式解决。

任务三　入库理货

☞ 任务目的

1. 能够根据货物包装规格设计合理的堆码方式;

2. 熟练使用手持终端采集货物信息,完成组托作业;

3. 能够独立完成货物的理货作业。

☞ 任务内容

2014 年 2 月 27 日 15:00,惠万家超市送来的一批咖啡机已经验收完毕,仓管员小聪需要根据货物数量、包装规格、堆码要求等信息完成货物的堆码等理货作业。

其托盘和货物基础信息见表 2-3-1:

表 2-3-1 **货物堆码基础信息表**

序号	货物信息				托盘信息	
	货物名称	数量	包装规格	层高标识	规格	厚度
1	咖啡机	17(箱)	600mm×400mm×220mm	4 层	1200mm×1000mm	150mm
备注	1. 不同名称的货物不得堆码在同一托盘上 2. 单元货物即堆码完毕的托盘货物底面长、宽最大偏差为 +40mm					

☞ 任务准备

华夏物流仓储中心，准备：

手持终端 1 台、空托盘（规格：1200mm×1000mm）1 个、待理货的货物 17 箱（600mm×400mm×220mm）等。

☞任务分工

本任务人员岗位分工为：

岗位	岗位职责	主要内容	技能要求与基本素质	对应人员
仓管员	完成货物的堆码作业； 完成货物的组托作业。	选择合适的堆码方法，完成货物的码盘作业； 可以熟练利用手持终端完成货物的组托作业。	掌握常见的货物堆码方法； 熟练使用手持终端； 有责任心。	小聪

☞任务资讯

一、入库理货一般流程

货物在验收之后，入库上架之前，仓管员需要根据货物属性、包装规格完成货物的堆码、苫垫等理货操作。信息化程度较高的仓库还会使用无线手持终端完成堆码货物和托盘的组托作业，以实现集合化装卸搬运，提高货物的出入库效率。入库理货的一般作业流程如图 2-3-1 所示：

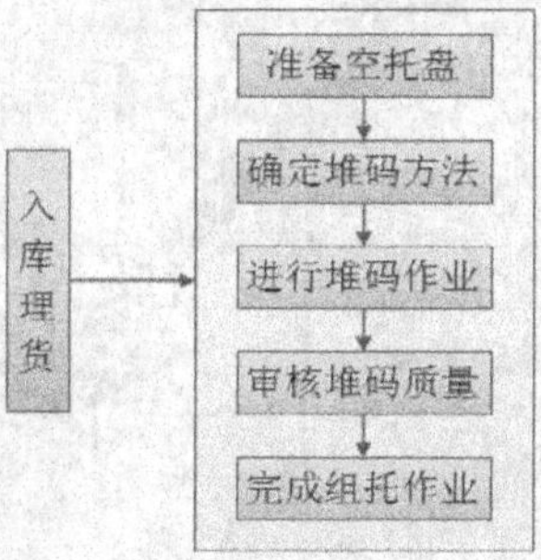

图 2-3-1 入库理货的一般流程

二、堆垛的基本要求

货物堆码必须保持“五距”，即顶距、灯距、墙距、柱距和堆距。

（一）顶距的要求和作用

顶距是指货堆的顶部与仓库屋顶平面之间的距离。留顶距主要是为了通风散热，有利于消防工作，便于装卸搬运作业，有利于收发、查点。顶距一般为0.5~0.9米，具体视情况而定。

（二）灯距的要求和作用

灯距是指在仓库里的照明灯与商品之间的距离。留灯距主要是防止照明灯发出的热量引起靠近货品燃烧发生火灾，商品与灯的距离一般不应少于0.5米。

（三）墙距的要求和作用

墙距是指货垛与墙的距离。留墙距主要是防止渗水，便于通风散潮。墙距可分为库房墙距和货场墙距，其中，库房墙距又分为内墙距和外墙距。内墙距是指货物离没有窗户墙体的距离，此处潮气相对少些，一般距离为0.1~0.3米；外墙距是指货物离有窗户墙体的距离，这里湿度相对大些，一般距离为0.1~0.5米。货场要有必要的道路和适当的墙距，距无墙排管的墙0.2米，距墙排管外侧0.4米。

（四）柱距的要求和作用

柱距是指货垛与屋柱之间的距离。留柱距是为防止商品受潮和保护柱脚，一般预留0.1~0.3米。

（五）垛距的要求和作用

垛距是指货垛与货垛之间的距离。留垛距是为便于通风和检查商品库房，垛距一般为0.3~0.5米，货场垛距一般不少于0.5米。

三、货物堆码的基本方法

货物的堆码就是仓库货品堆存的形式，货物堆码要根据其性能、包装、仓储设备、存放场地和季节、气候等条件，选择堆垛形式，确定垛堆高度等，以便货物的搬运、检查和养护。货物储存的堆码方法有：

（一）散堆法

散堆法是一种将无包装的散货直接堆成货堆的货物存放方式，这种方法适用于露天存放的没有包装的大宗货物，如煤炭、矿石、黄沙等。也可适用于库内的少量存放的谷物、碎料等散装货物堆放。如图2－3－2所示：

图2－3－2 谷物散堆

这种堆码方式简便，便于采用现代化的大型机械设备，节约包装成本，提高仓容利用率。

（二）货架法

货架法即直接使用通用或者专用的货架进行货物堆码，这种方法适用于小件、品种规格复杂且数量较少、包装简易或脆弱、易损害不便堆垛，特别是价值较高而需要经常查数的货物仓储存放。

常用的货架有：托盘货架、悬臂架、橱柜架、多层立体货架、U 形架、板材架、多层平面货架等。

（三）托盘堆码法

托盘堆码即将货物码在托盘上，货物在托盘上码放方式可采用自身堆码采用的码放形式，然后用叉车将托盘货一层层堆码起来。对于一些怕挤压或形状不规则的货物，可将货物装在货箱内或带立柱的托盘上。由于货箱堆码时，是由货箱或托盘立柱承受货垛的重量，故这种托盘应具有较高的强度和刚度。

仓库内常用的托盘堆码一般有 4 种方式，即重叠式、纵横交错式、正反交错式和旋转交错式堆码。

1. 重叠式

即各层码放方式相同，上下对应。如图 2－3－3 所示：

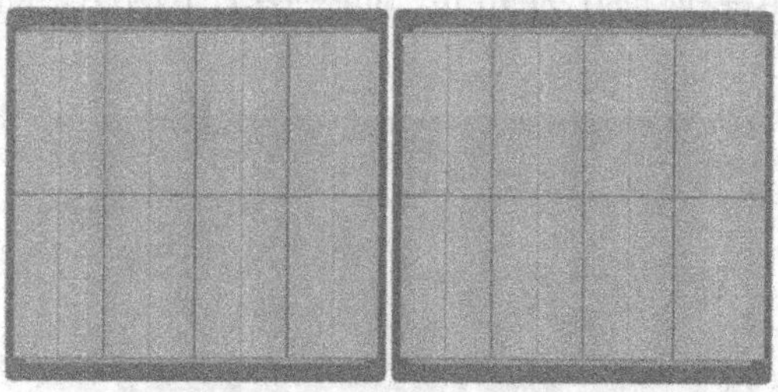

a. 奇数层　　b. 偶数层

图 2－3－3　重叠式堆码示意图

这种方式的优点是，工人操作速度快，包装货物的四个角和边重叠垂直，承载能力大。缺点是各层之间缺少咬合作用，容易发生塌垛。在货物底面积较大的情况下，采用这种方式具有足够的稳定性，如果再配上相应的紧固方式，则不但能保持稳定，还可以保留装卸操作省力的优点。

2. 纵横交错式

相邻两层货物的摆放旋转 90 度，一层横向放置，另一层纵向放置，如图 2－3－4 所示。每层间有一定的咬合效果，但咬合强度不高。

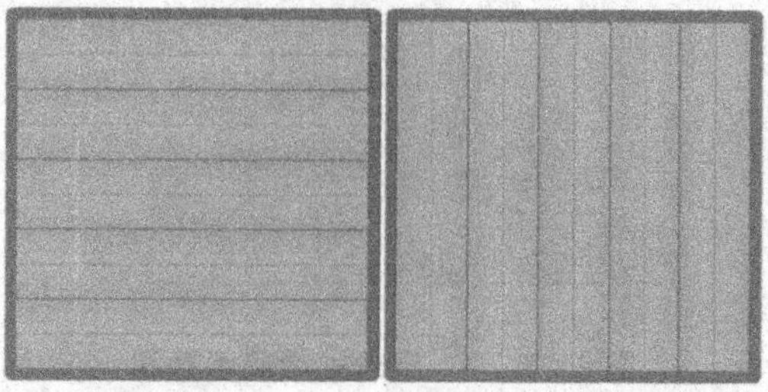

a. 奇数层　　b. 偶数层

图 2－3－4　纵横交错式堆码示意图

3. 正反交错式

同一层中，不同列的以 90 度垂直码放，相邻两层的码放形式是另一层旋转 180 度的形式，如图 2-3-5 所示。这种方式类似于建筑上的砌砖方式，不同层间咬合强度较高，相邻层之间不重缝，因而码放后稳定性较高，但操作较为麻烦，且包装体之间不是垂直面相互承受载荷。

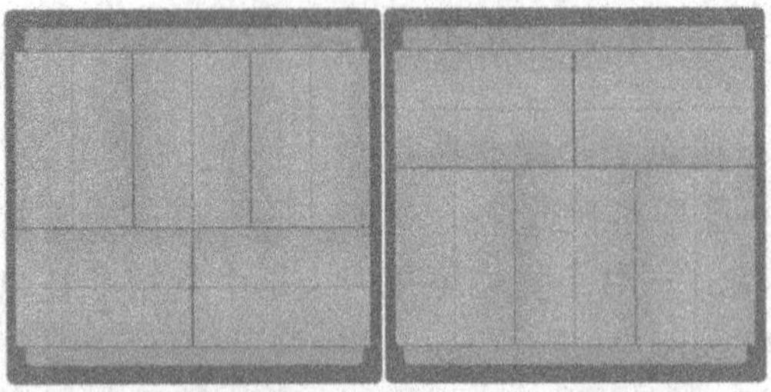

a. 奇数层　　b. 偶数层

图 2-3-5　正反交错式堆码示意图

4. 旋转交错式

每一层与相邻两边的包装体都互为 90 度，同一层上下两层之间的堆码相差 180 度，如图 2-3-6 所示：

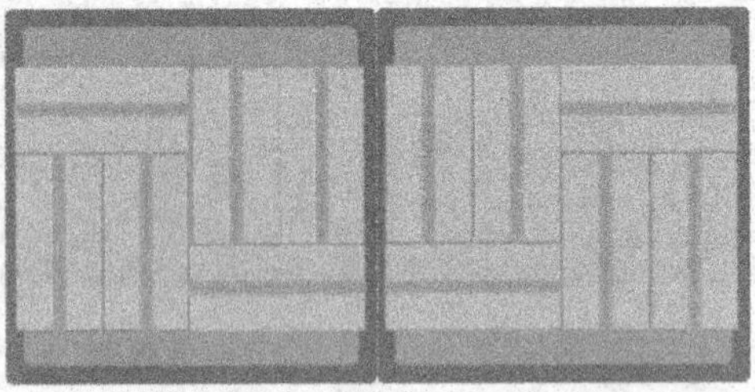

a. 奇数层　　b. 偶数层

图 2-3-6　旋转交错式堆码示意图

这种方式相邻两层之间的咬合交叉，托盘货品稳定性较高，不容易塌垛。

仓库内常用的地面堆垛方式有压缝式、通风式、栽柱式、仰俯相间式。

1. 压缝式

压缝式堆码将垛底层排列成正方形、长方形或环形，然后起脊压缝上码。上层货品须压在下层货品接缝处，即下层相邻货物缝隙至少被一箱上层货物的底面压上，如图 2-3-7 所示：

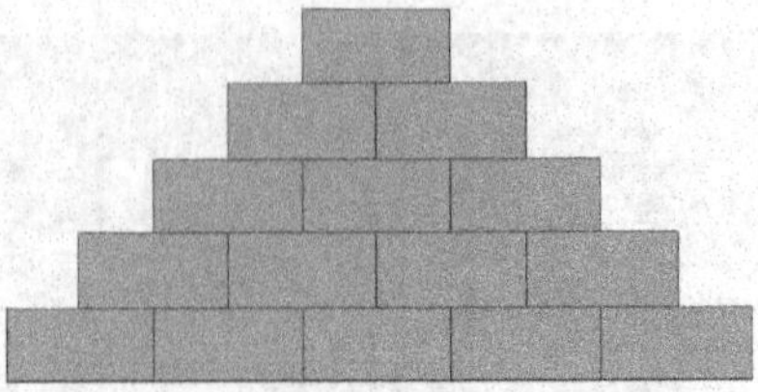

图 2-3-7　压缝式堆码示意图

2. 通风式

货物在堆码时，每件相邻的货物之间都留有空隙，以便通风。层与层之间采用牙缝式或者纵横交叉式，如图 2 - 3 - 8 所示：

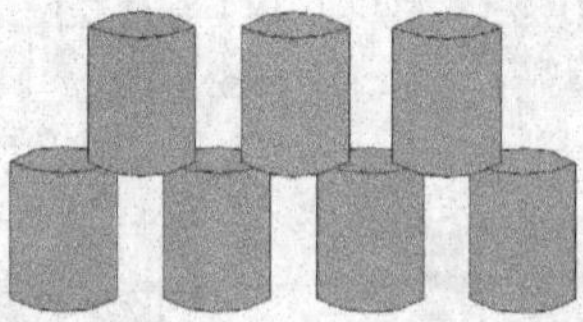

图 2 - 3 - 8　通风式堆码示意图

此法适用于需要通风量较大的货物堆垛。

3. 栽柱式

码放货物前在货垛两侧栽上木桩或者钢棒（如 U 形货架），然后将货物平码在桩柱之间，几层后用铁丝将相对两边的柱拴联，再往上摆放货物。如图 2 - 3 - 9 所示：

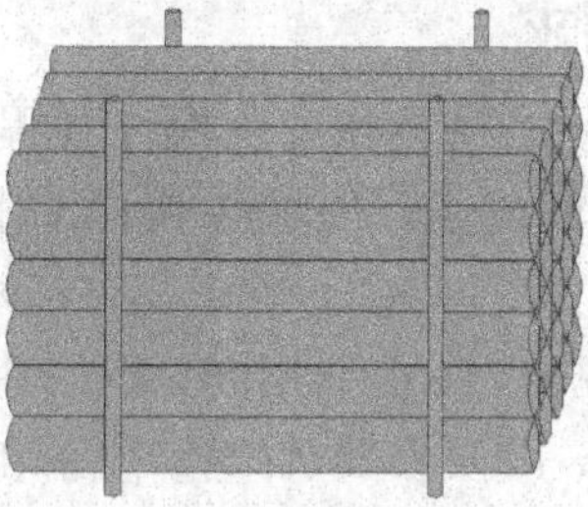

图 2 - 3 - 9　栽柱式堆码示意图

此法适用于棒材、管材等长条状货物。

4. 仰俯相间式

对上下两面有大小差别或凹凸的货物，如槽钢、钢轨、箩筐等，将货物仰放一层，再反一面伏放一层，仰俯相间相扣。如图 2 - 3 - 10 所示：

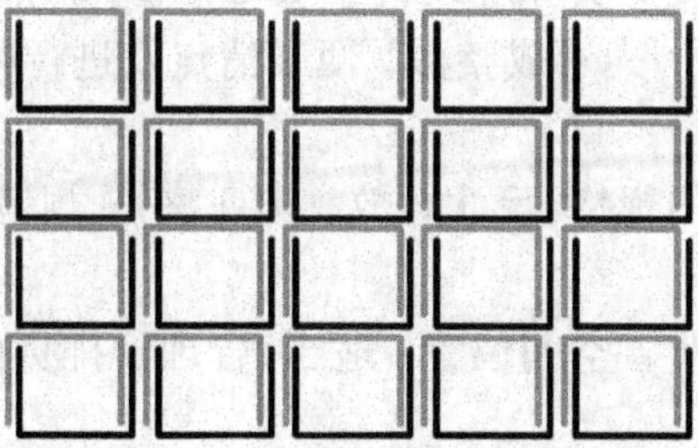

图 2 - 3 - 10　仰俯相间式堆码示意图

采用这种方式码货，货垛较为稳定，但操作不便。

（四）不合理托盘堆码情况

在对货物进行堆码时，要尽量避免常出现的不合理托盘堆码情况。如图 2 - 3 - 11 所示：

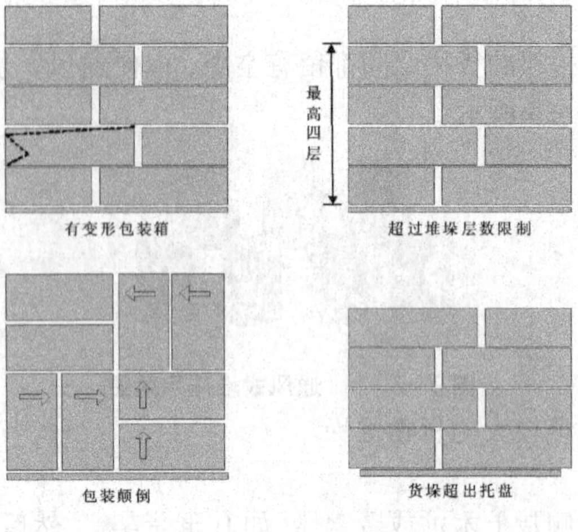

图 2-3-11　不合理的托盘堆码示意图

四、货物堆码操作的基本要求

(1)安全。堆码的操作工人必须严格遵守安全操作规程使用各种装卸搬运设备，严禁超载，同时还须防止建筑物超过安全负荷量。码垛必须不偏不斜，不歪不倒，牢固坚实，以免倒塌伤人、摔坏商品。

(2)合理。不同商品的性质、规格、尺寸不相同，应采用各种不同的垛形。不同品种、产地、等级、单价的商品，须分别堆码，以便收发、保管。货垛的高度要适度，不压坏底层的商品和地坪，与屋顶、照明灯保持一定距离;货垛的间距，走道的宽度，货垛与墙面、梁柱的距离等，都要合理、适度。垛距一般为 0.5～0.8 米，主要通道为 2.5～3 米。

(3)牢固。堆放稳定结实，货垛稳定牢固，不偏不斜，必要时采用衬垫物料固定。易滚动的货物，使用木楔或三角木固定，必要时使用绳索、绳网对货垛进行绑扎固定。

(4)定量。每一货垛的货物数量保持一致，采用固定的长度和宽度，且为整数，能做到过目知数，每垛的数字标记清楚，货垛牌或料卡填写完整，摆放在明显位置。

(5)方便。货垛行数、层数，力求成整数，便于清点及进行收发作业。若过秤商品不成整数时，应分层表明重量。

(6)整齐。货垛应按一定的规格、尺寸叠放，排列整齐、规范。商品包装标志应一律朝外，便于查找。

(7)节约。堆垛时应注意节省空间位置，适当、合理安排货位的使用，提高仓容利用率。

☞任务操作

步骤一:准备空托盘

在入库准备时，已经根据三种商品货品的包装箱尺寸计算了将要使用托盘的数量。咖啡机 17 箱，需要一个托盘。如图 2-3-12 所示:

图 2－3－12 空托盘

步骤二：确定堆码方式

华夏物流仓储中心常用的托盘堆码方式有重叠式、纵横交错式、正反交错式和旋转交错式堆码四种形式。

根据咖啡机的包装规格 600mm × 400mm × 220mm 及仓储中心物流托盘规格 1200mm × 1000mm，仓管员小聪决定使用稳定性较好的正反交错式堆码方法。其中：

1. 奇数层俯视图。如图 2－3－13 所示：

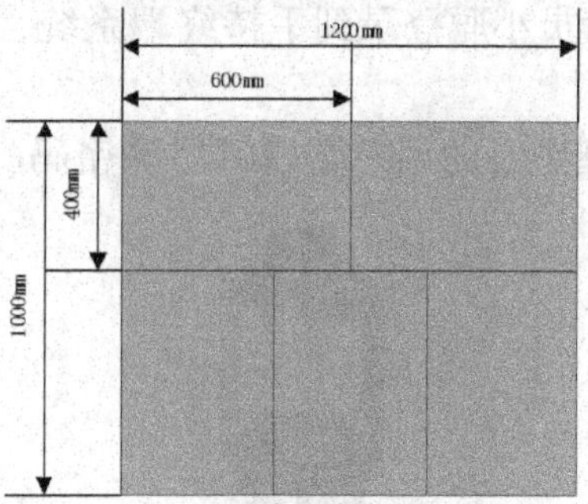

图 2－3－13 奇数层俯视图

2. 偶数层俯视图。如图 2－3－14 所示：

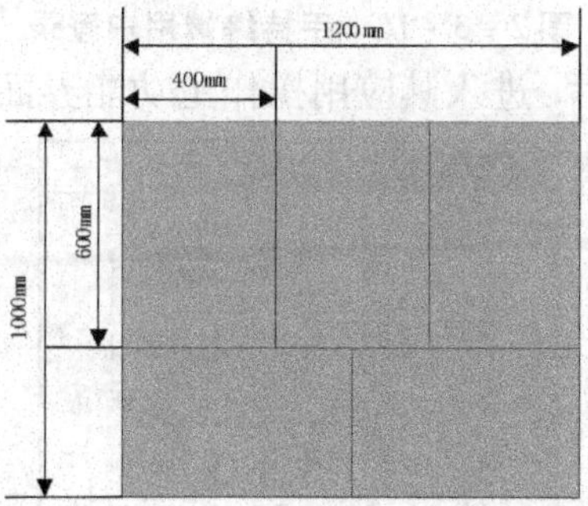

图 2－3－14 偶数层俯视图

步骤三：进行托盘堆码操作

小聪根据规划好的堆码方式，将咖啡机进行堆码，完成托盘堆码任务，如图 2－3－15 所示：

图 2-3-15　完成托盘堆码

步骤四:完成组托作业

托盘堆码操作完成后，仓管员小聪登录到手持终端系统，进行组托作业，具体操作步骤如下：

1. 利用小聪在华夏物流仓储中心的用户名(2011)和密码(1)登录。如图 2-3-16 所示：

图 2-3-16　手持终端用户登录

2. 小聪登录手持终端系统后，进入其应用操作主功能界面。如图 2-3-17 所示：

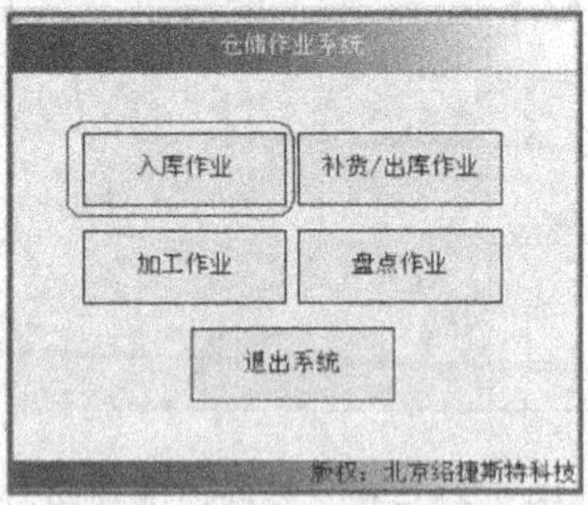

图 2-3-17　手持终端主功能界面

3. 在图 2-3-17 手持终端主功能界面中，点击【入库作业】选项，进入图 2-3-18 所示界面：

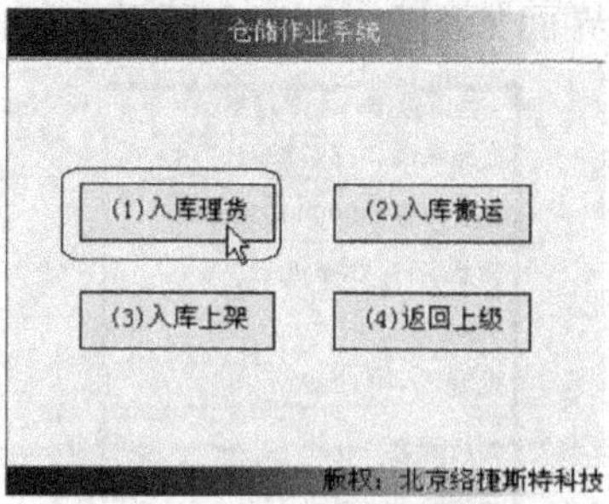

图 2－3－18　入库作业主要功能按钮

4. 在图 2－3－18 界面中，点击【入库理货】选项，进入图 2－3－19 所示界面：

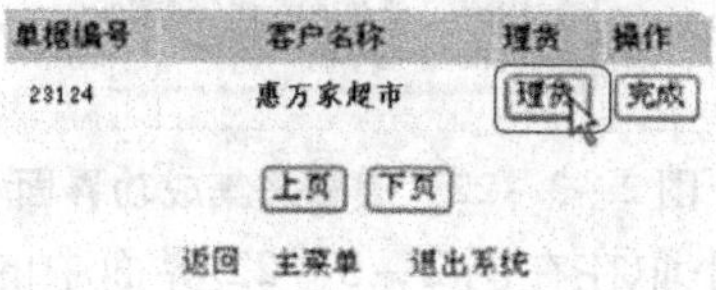

图 2－3－19　入库理货界面

5. 在图 2－3－19 界面中，点击【理货】选项，进入图 2－3－20 所示界面：

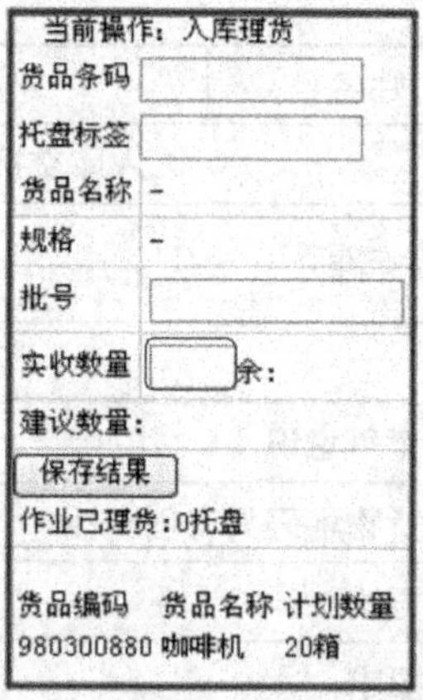

图 2－3－20　入库理货开始

6. 仓管员小聪利用手持终端采集已经完成托盘堆码的咖啡机的货品条码和托盘标签信息，如图 2－3－21 所示：

图 2－3－21　采集货品条码和托盘标签信息

信息采集成功后，手持终端界面如图 2－3－22 所示：

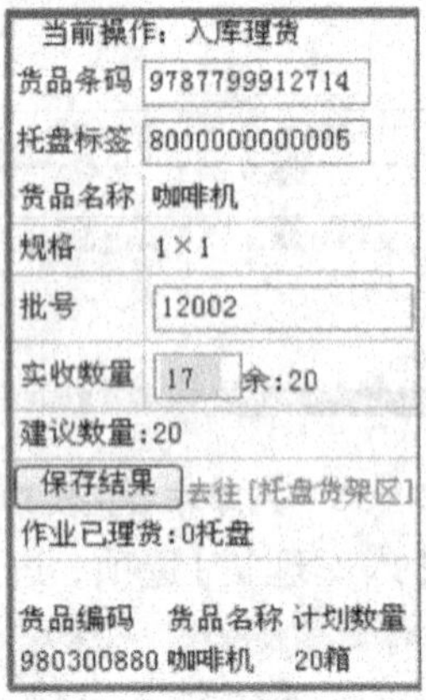

图 2－3－22　信息采集成功界面

7. 因有拒收货品，仓管员小聪在在图 2－3－22 界面中的【实收数量】栏输入 17，确认无误后点击【保存结果】选项，完成货物的组托作业。

8. 最后，小聪将理货完成的货物存放在入库理货区，等待搬运人员完成入库上架作业。

☞ 任务评分

班级			姓名		小组		
任务名称		入库交接					
考核内容		评价标准	参考分值（100）	学生自评	小组互评	教师评价	考核得分
职业素养情况	1	具有良好的沟通能力	5				
	2	具有团队合作精神和竞争意识	5				
	3	在任务实施过程中对货物堆码具有创新性	10				
知识掌握情况	4	了解货物堆码的基本方法	10				
	5	掌握货物堆码的基本要求	10				
	6	熟悉货物堆码操作的基本要求	10				
能力提升情况	7	能够根据货物包装规格设计合理的堆码方式	10				
	8	熟练使用手持终端采集货物信息，完成组托作业，能够独立完成货物的理货作业	10				
	9	能够主动搜集所需信息，进行自主学习	10				
参与活动情况	10	积极参与任务实施	5				
	11	积极参与小组讨论	5				
	12	积极回答老师提问	10				
小计							
合计＝自评＊20%＋互评＊40%＋教师评＊40%							

☞操作习题作业

一、模拟案例

2014 年 2 月 27 日 15:00，惠万家超市送来的一批咖啡机已经验收完毕，仓管员小聪需要根据货物数量、包装规格、堆码要求等信息完成货物的堆码等理货作业。

其托盘和货物基础信息见表 2－3－1：

表 2－3－1　　货物堆码基础信息表

序号	货物信息				托盘信息	
	货物名称	数量	包装规格	层高标识	规格	厚度
1	咖啡机	17（箱）	600mm × 400mm × 220mm	4 层	1200mm × 1000mm	150mm
备注	1. 不同名称的货物不得堆码在同一托盘上 2. 单元货物即堆码完毕的托盘货物底面长、宽最大偏差为 ＋40mm					

请按照案例要求，做模拟准备，完成入库理货操作练习。

二、知识考核

（一）单选题

1. 不同列的货物以 90 度垂直码放，相邻两层的货物码放形式是另一层旋转 180 度的形式，这是（　）码盘。

A. 重叠式

B. 正反交错式

C. 纵横交错式

D. 旋转交错式

2. 煤炭、矿石一般采用（　）堆码方式。

A. 散堆方式

B. 货架方式

C. 成组堆码方式

D. 垛堆方式

3. 图示货物奇偶层堆码形式属于（　）堆码方式。

a. 奇数层　　b. 偶数层

A. 重叠式

B. 正反交错式

C. 纵横交错式

D. 旋转交错式

(二) 多选题

1. 根据货物及托盘尺寸的不同，货物在托盘上的集装方式主要有(　　)。

A. 重叠式

B. 正反交错式

C. 纵横交错式

D. 旋转交错式

2. 堆码的标准有(　　)。

A. 合理

B. 牢固

C. 整齐

D. 定量

(三) 判断题

1. 码放难度较大，中心形成空穴，降低托盘的装载率，这指的是旋转交错式码盘的特征。

2. 码盘是一种特殊的码垛形式，指将包装件货物集装码放在托盘上。

3. 码盘时货垛高度一般不超过 1 米，便于操作。

任务四　入库上架

☞ 任务目的

1. 了解储位规划作业；
2. 能够利用手持终端读取货物储位信息；
3. 能够选择合适的装卸搬运设备搬运货物；
4. 能独立完成入库上架作业。

☞ 任务内容

惠万家超市申请入库的咖啡机已理货完毕，仓管员小聪根据入库指示将入库理货区堆码好的 1 托盘咖啡机运至托盘货架区，由操作工吕帅将 1 托货物上架至托盘货架区的正确货位，打印好的储位分配单如表 2－4－1 所示：

储位分配单

表2-4-1　　　　操作编码:　0000000000046008

作业单号	0000000000023050		库房					
货品明细								
位置	货品编码	货物名称	规格	批次	应收	实收	单位	备注
C00011-A00300		咖啡机	1X1	12002	20	17	箱	

☞ 任务准备

模拟华夏物流仓储中心，准备：

手持终端2台、手动液压搬运车1台、手动液压堆高车1台、模拟托盘1托(17箱咖啡机)。

☞任务分工

本任务人员岗位分工为：

岗位	岗位职责	主要内容	技能要求与基本素质	对应人员
仓管员	运用手持终端读取货物搬运信息； 根据搬运信息完成货物的交接。	利用手持终端扫描托盘标签信息，读取货物的搬运信息； 根据货物的具体信息选择合适的搬运设备完成货物的搬运工作，并确认搬运。	熟悉掌握装卸搬运设备的使用； 能够熟练掌握手持终端的使用； 有合作意识。	小聪
操作工	运用手持终端读取货物上架信息； 完成货物的上架。	利用手持终端读取托盘标签信息，读取货物的上架储位信息； 根据货物上架储位信息选择合适的上架设备完成货物的上架工作； 确定完成上架作业。	熟悉掌握装卸搬运设备的使用； 能够熟练掌握手持终端的使用； 有合作意识。	吕帅

☞ 任务资讯

一、入库上架的操作流程

货物理货完毕后，仓管员将理货完成的货物存放在入库理货区进行交接，由装卸搬运操作人员根据货物的储位分配信息完成货物的入库上架作业。入库上架的一般作业流程如图 2－4－1 所示：

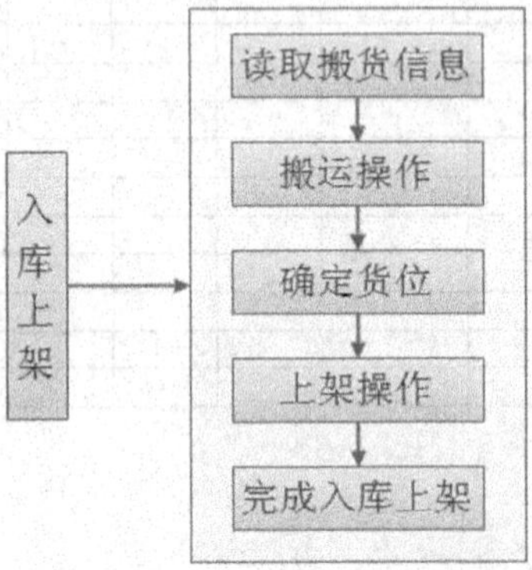

图 2－4－1　入库上架流程图

二、储位规划作业

（一）储位规划的要求和储位管理的原则

1. 储位规划的要求

（1）充分有效地利用空间；

（2）尽可能提高人力资源及设备的利用率；

（3）有效地保护好商品的质量和数量；

（4）维护良好的储存环境；

（5）使所有在储货物处于随存随取状态。

2. 储位管理的基本原则

（1）明确指示储存位置。详细规划储存区域并标示编号，让每一项预备储存的物品均有位置可以储存。这些储存位置必须是很明确的，而且是经过储位编码的，不可是边界含糊不清的位置，例如走道、楼上、角落或某物品旁等。很多物流中心习以为常地把走道当成储区位置来使用，这是不对的，虽然短时间会得到一些方便，但会影响作业的进出，违背了储位管理的基本原则。

（2）有效定位物品。根据物品保管区分方式的限制，寻求合适的储存单位、储存策略、指派法则把物品有效地放置在先前所规划的储位上。所谓“有效”就是经过安排的，例如需要冷藏的物品就该放冷藏库，出入库频率高的物品就该放置靠近出口处，香皂就不应该和香烟放一起，这就是此原则的基本应用。

（3）确定登录变动。当物品被有效地放置在规划好的储位上后，剩下的工作就是储位维护，也就是说不管物品是因拣货取出还是因产品太旧换新等原因，导致物品的位置或数量有所改变，工作人员都必须记录变动情形，以使料账与实际数量完全吻合。由于此项变动登录工作的繁琐和仓库作业人员在忙碌工作中的惰性，使得这个原则成为储位管理中最难实施的部分，也是目前各物流中心储位管理作业成败的关键所在。

（二）物品分区分类储存概念和作用

1. 物品分区分类储存的概念

仓库物品的分区分类储存是根据“四一致”的原则（性能一致、养护措施一致、作业手段一致、消防方法一致），把仓库划分为若干保管区域；把储存物品划分为若干类别，以便统一规划储存和保管。

2. 分区分类储存物品的作用

（1）可缩短物品拣选及收、发作业的时间；

（2）能合理使用仓容，提高仓容利用率；

（3）有利于保管员熟悉物品的性能，提高保管养护的技术水平；

（4）可合理配制和使用机械设施，有效提高机械化、自动化操作程度；

（5）有利于仓储物品的安全，减少损耗。

（三）物品分区分类储存的方法

由于仓库的类型、规模、经营范围、用途各不相同，各种仓储物品的性质、养护方法也迥然不同，因而分区分类储存的方法也有多种，需统筹兼顾，科学规划。

1. 按物品的种类和性质分区分类储存。按照物品的自然属性，把怕热、怕光、怕潮、怕冻、怕风等具有不同自然属性的物品分区分类储存。

2. 按物品的危险性质分区分类储存。物品的危险性质主要是指易燃、易爆、易氧化、腐蚀性、毒害性、放射性等。

3. 按物品的发运地分区分类储存。物品的储存期较短，并且吞吐量较大的中转仓库或待运仓库，可按物品的发往地区、运输方式及货主进行分区分类储存。

4. 按仓储作业的特点分区分类储存。

5. 按仓库的条件及物品的特性分区分类储存。

（四）选择和确定储位的原则

选择确定货位须按照最近、最捷、最廉、最适的“四最”原则，结合物品的性质和存储现场的布局进行。

1.“四最”原则的含义

（1）最近：使用距离最近，搬运距离最短；

（2）最捷：存取最快捷，最方便，没有无效过程；

（3）最廉：确保最少的投入，最大的收获；

（4）最适：最适合各种类别的物品“居住”。

2. 储位确定

在进行储区规划时应充分考虑商品的特性、轻重、形状及周转率等情况，根据一定的分配原则确定商品在仓库中具体存放的位置。

（1）根据商品周转率确定储位。计算商品的周转率，将库存商品周转率进行排序，然后将排序结果分段或分列。将周转率大、出入库频繁的商品储存在接近出入口或专用线的位置，以加快作业速度和缩短搬运距离。周转率小的商品存放在远离出入口处，在同一段或同列内的商品则可以按照定位或分类储存法存放。

（2）根据商品相关性确定储位。有些库存的商品具有很强的相关性，相关性大的商品，通常被同时采购或同时出仓，对于这类商品应尽可能规划在同一储区或相近储区，以缩短搬运路径和拣货时间。

(3)根据商品特性确定储位。为了避免商品在储存过程中相互影响，性质相同或所要求保管条件相近的商品应集中存放，并相应安排在条件适宜的库房或货场。即将同一种货物存在同一保管位置，产品性能类似或互补的商品放在相邻位置。将相容性低，特别是互相影响其质量的商品分开存放。这样既提高作业效率，又防止商品在保管期间受到损失。

特殊商品的储区规划：

①易燃物品必须存放在具有高度防护作用的独立空间内，且必须安装适当的防火设备；

②易腐需储存在冷冻、冷藏或其他特殊的设备内；

③易污损物品需与其他物品隔离；

④易窃物品必须隔离封闭管理。

(4)根据商品体积、重量特性确定储位。在仓库布局时，必须同时考虑商品体积、形状、重量单位的大小，以确定商品所需堆码的空间。通常，重大的物品保管在地面上或货架上获得下层位置。为了适应货架的安全并方便人工搬运，人的腰部以下的高度通常宜储放重物或大型商品。

(5)根据商品先进先出的原则确定储位。先进先出即指先入库的商品先安排出库，这一原则对于寿命周期短的商品尤其重要，如食品、化学品等。在运用这一原则时，必须注意在产品形式变化少，产品寿命周期长，质量稳定不易变质等情况下，要综合考虑先进先出所引起的管理费用的增加，而对于食品、化学品等易变质的商品，应考虑的原则是“先到期的先出货”。

除上述原则外，为了提高储存空间的利用率，还必须利用合适的积层架、托盘等工具，使商品储放向空间发展。储放时尽量使货物面对通道，以方便作业人员识别标号、名称、提高货物的活性化程度。保管商品的位置必须明确标示，保管场所必须清楚，易于识别、联想和记忆。另外，在规划储位时应注意保留一定的机动储位，以便当商品大量入库时可以调剂储位的使用，避免打乱正常储位安排。

(五)储位指派方式

1. 人工指派法

人工指派法是指以人工分配货位，就是管理者根据经验分配货位。因凭借的是管理者的知识和经验，所以其效率会因人而异。

人工分配货位的管理要点是：

(1)要求仓管人员必须熟记储位指派原则，并能灵活应用；

(2)仓储人员必须按指派单证把物品放在指定储位上，并做好详细记录；

(3)实施动态管理，当补货或拣货作业时，仓储人员必须做好登记消除工作，保证账物相符。

2. 计算机辅助指派法

计算机辅助指派储位方法是利用图形监控系统，收集储位信息，并显示储位的使用情况，并把这些作为人工指派储位依据进行储位指派作业。

3. 计算机指派法

通过计算机分析后直接完成储位指派工作。

☞任务操作

步骤一：读取货物搬运信息

仓管员小聪登录手持终端系统，利用其华夏物流仓储中心的用户名(2011)和密码(1)登录，如图2－4－2所示：

图2－4－2　登录手持终端系统

仓管员小聪登录手持终端系统后，进入操作主功能界面，如图2－4－3所示：

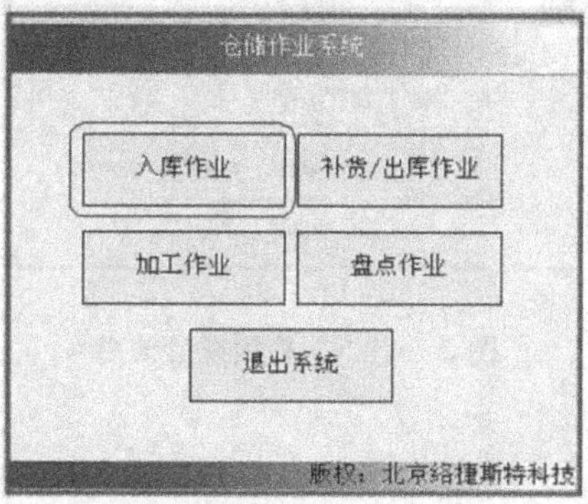

图2－4－3　手持终端主功能界面

点击图2－4－3界面中的【入库作业】选项，进入图2－4－4所示界面：

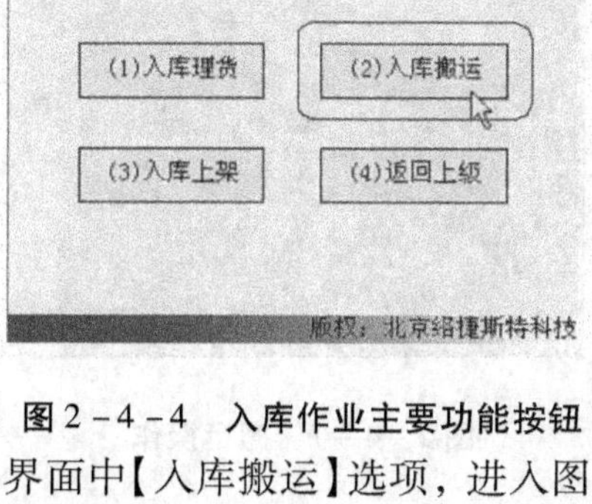

图2－4－4　入库作业主要功能按钮

接下来，点击图2－4－4界面中【入库搬运】选项，进入图2－4－5所示界面，手持终端下方提示需搬运货物的信息。

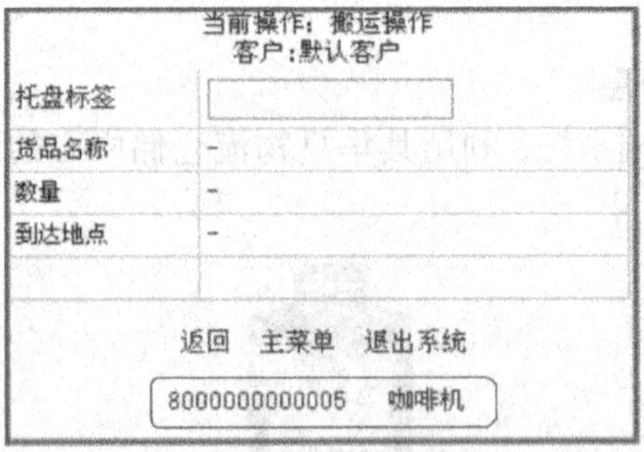

图 2－4－5　入库搬运

仓管员小聪根据手持终端提示采集托盘标签信息，信息采集完成后，手持终端系统会自动提示搬运的货品名称、货品数量及目标地点等信息，如图 2－4－6 所示界面：

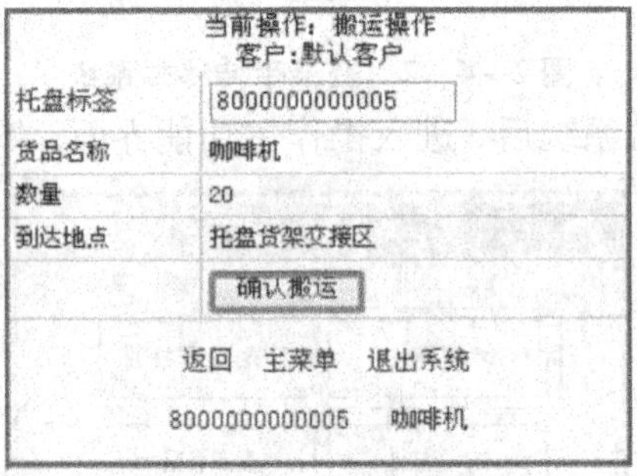

图 2－4－6　采集托盘信息

步骤二：搬运货物

仓管员小聪利用手动液压搬运车将托盘货物搬运至托盘货架交接区，如图 2－4－7 所示：将货物暂存在托盘货架交接区后，在图 2－4－6 界面点击【确认搬运】选项，完成货物搬运工作。

图 2－4－7　搬运操作

步骤三：读取上架信息

操作工吕帅在交接区收到仓管员小聪搬运过来的货物后，登录手持终端系统，点击手持终端主功能界面的【入库作业】选项，进入图 2－4－8 所示界面：

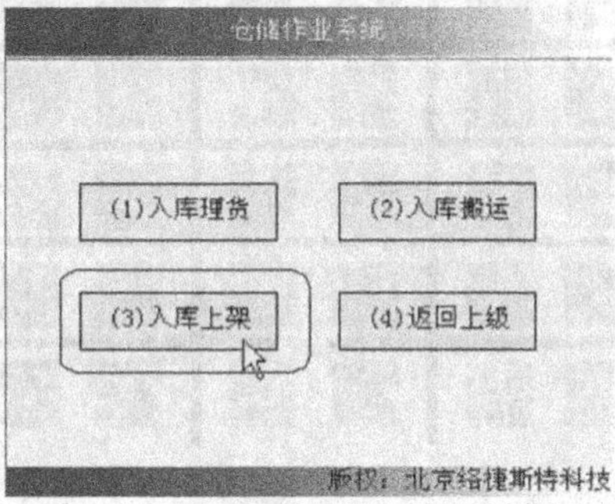

图 2－4－8　入库作业主要功能按钮

点击图 2－4－8 界面中的【入库上架】选项，进入图 2－4－9 所示界面，手持终端下方提示需上架货物的信息。

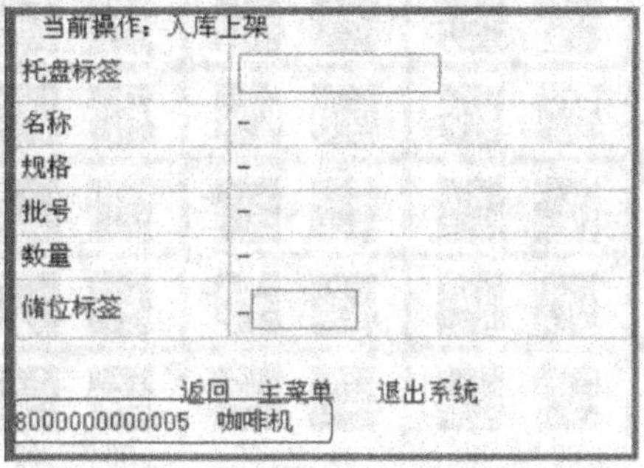

图 2－4－9　入库上架

操作工吕帅利用手持终端采集托盘标签信息，信息采集成功后，手持终端系统自动提示目标储位等信息，如图 2－4－10 所示界面：

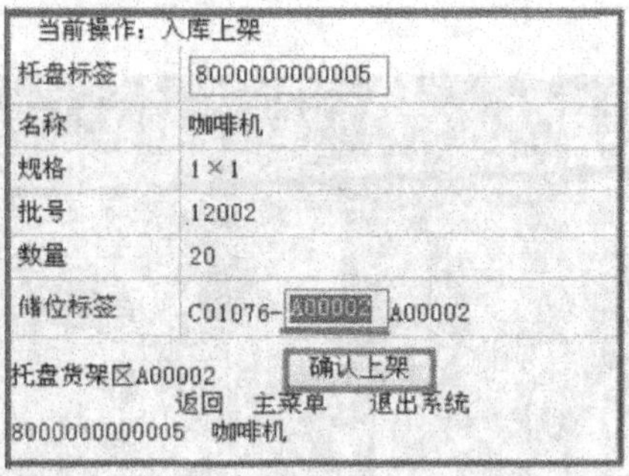

图 2－4－10　采集托盘信息

步骤四：指派货位

华夏物流仓储中心 TP10 托盘货架区，主要负责存放保管惠万家超市的整件货物。该托盘货架区根据存放货物的特性及品种等共分 A、B 两个区域，A 区以存放电器类的货物为主，共有 5 排托盘货架，每排货架有 5 层，每层 10 列，如图 2－4－11 所示：

图 2－4－11　货架正面平视图

咖啡机是属于入库频繁的货物，于是储位分配单中将咖啡机放在 C00011－A00300 的储位，其位于托盘货架 A 区 A0 列货架红色标注的位置，如图 2－4－12 所示：

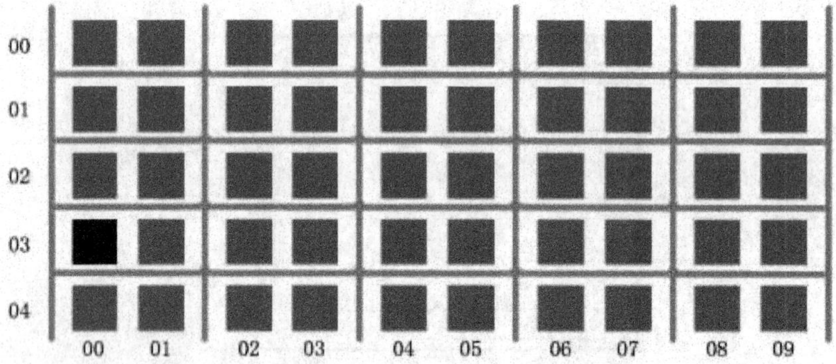

图 2－4－12　A 区 A0(G00101)列储位示意图

步骤五：上架操作

操作工吕帅利用手动液压堆高车将货物从托盘货架交接区的 C00011－A00300 储位上架货物，如图 2－4－13 所示：

图 2－4－13　上架操作

上架完成后，登录手持终端系统，在图 2－4－10 所示界面中，利用手持终端扫描上架货物的储位标签，信息采集成功后，进入 2－4－14 所示界面，点击【确认上架】选项，完成整个上架过程。

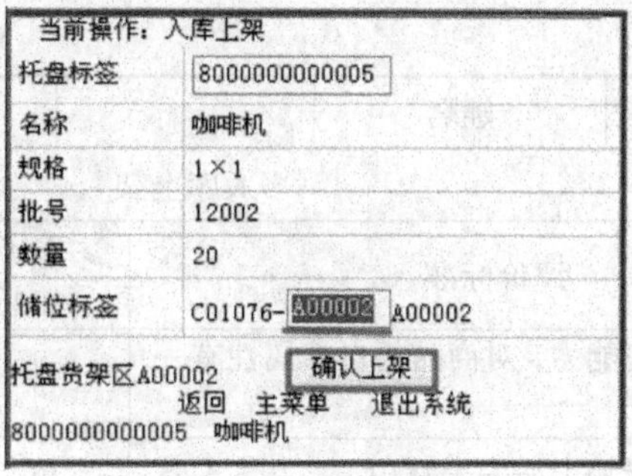

图 2－4－14　**确认上架**

步骤六:入库确认

操作工吕帅返回手持终端系统主菜单界面，如图 2－4－15 所示：

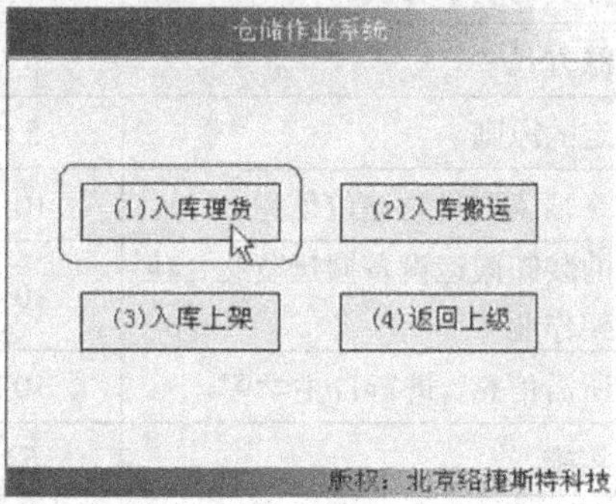

图 2－4－15　**入库作业主要功能按钮**

在图 2－4－15 界面中，点击【入库理货】选项，进入图 2－4－16 所示界面，点击【完成】选项，至此客户惠万家超市的 17 箱咖啡机的入库作业全部操作完毕。

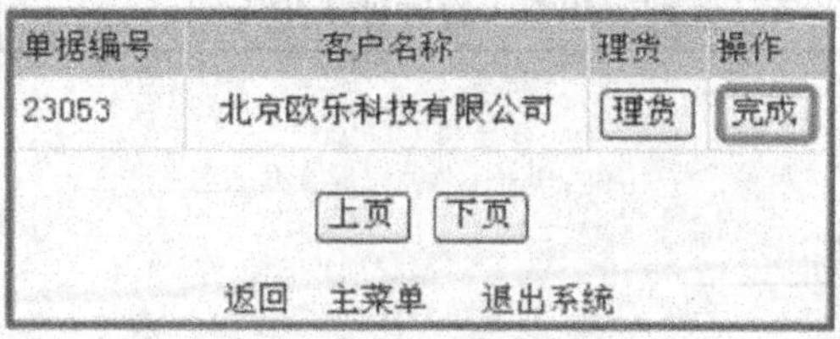

图 2－4－16　**入库理货完成**

☞ 任务评分

班级			姓名		小组			
任务名称	入库上架							
考核内容		评价标准	参考分值（100）	学生自评	小组互评	教师评价	考核得分	
职业素养情况	1	具有信息搜集能力，对商品的自然属性有一定的了解	5					
	2	具有较强的货物上架安全意识	5					
	3	在任务实施过程中具有货架技术、起重技术	10					
知识掌握情况	4	了解物品分区分类储存的概念	10					
	5	掌握物品分区分类的基本方法	10					
	6	熟悉储位的指派方式	5					
	7	了解选择和确定的原则	5					
能力提升情况	8	能够利用手持终端读取货物储位信息	10					
	9	能够选择合适的装卸搬运设备搬运货物，独立完成入库上架作业	10					
	10	能够主动搜集所需信息，进行自主学习	10					
参与活动情况	11	积极参与任务实施	5					
	12	积极参与小组讨论	5					
	13	积极回答老师提问	10					
小计								
合计 = 自评 * 20% + 互评 * 40% + 教师评 * 40%								

☞ 操作习题作业

一、模拟案例

惠万家超市申请入库的微波炉已理货完毕，仓管员小聪需要根据入库指示将入库理货区堆码好的 1 托盘微波炉运至托盘货架交接区，由操作工吕帅将 1 托货物上架至托盘货架区的正确货位，打印好的储位分配单如表 2－4－2 所示：

储位分配单

表2-4-2　　　　　　　　　　　　　　操作编码:　　　　0000000000046008

作业单号	0000000000023050		库房					
货品明细								
位置	货品编码	货物名称	规格	批次	应收	实收	单位	备注
C00011-A00302		微波炉	1X1	12002	15		箱	

请按照案例要求，做模拟准备，完成入库上架操作练习。

二、知识考核

(一)单选题

1. 不属于常见的储位指派方式是(　　)。

A. 人工指派法

B. 机械指派法

C. 计算机辅助指派法

D. 计算机指派法

2. 按照物品的自然属性，把怕热、怕光、怕潮、怕冻、怕风等物品进行分类，属于按照(　　)分类储存。

A. 物品的种类和性质分区

B. 物品的危险性质分区

C. 物品的发运地分区

D. 仓储作业的特点分区

(二)多选题

选择和确定储位的基本原则包括( )。

A. 最近：使用距离最近，搬运距离最短

B. 最捷：存取最快捷，最方便，没有无效过程

C. 最廉：确保最少的投入，最大的收获

D. 最适：最适合各种类别的物品“居住”

模块三 在库作业

3

▶学习要点

1. 掌握货品在库时期的各种养护措施及原理；
2. 掌握货品在库时期的养护措施操作；
3. 掌握货品盘点作业的相关基础知识；
4. 掌握货品移库作业的相关基础知识。

▶案例导入

华夏仓储中心在对客户惠万家超市的货品进行出入库管理的同时，还需要对货品进行保管监督及保养，每月对货品进行盘点作业，对货位上的货品进行移库作业以确保优化储位。

任务一　货物保管

货品的在库作业和管理是指仓库针对货品的特性，结合仓库的属性，采取科学手段对货品进行保管养护，防止和延缓货品质量变化的行为。

☞ 任务目的

1. 能够执行在库货品的检查及调控仓库的温湿度；
2. 能够了解仓库货物霉腐、仓库虫鼠害的产生的原因及防治方法。

☞ 任务内容

根据华夏物流仓储中心仓库制定的管理制度，仓管员小聪需要每天对仓库进行一次全面的常规检查。2014 年 2 月 28 日早 9:00，小聪开始对仓库进行日常检查，主要包括：货物检查、仓库温湿度控制、消防安全预防等检查工作。

☞ 任务准备

模拟华夏物流仓储中心，准备：

在库储存环境。

☞任务分工

岗位任务分工：

岗位	岗位职责	主要内容	技能要求与基本素质	对应人员
仓库管理员	检查储存情况； 检查仓库温湿度。	货品的安全检查； 对仓库的温湿度进行控制； 对于霉腐、虫害货品进行防治。	完成在库货品的检查； 完成仓库温湿度的调节； 掌握仓库货物霉腐和仓库虫鼠害的防治方法。	小聪

☞任务资讯

货品养护是指货品在储运过程中所进行的保养和维护。从广义上说，货品从离开生产领域而未进入消费领域之前这段时间的保养与维护工作，都称为货品养护。

商品养护的基本任务就是面向库存商品，根据库存数量多少、发生质量变化速度、危害程度、季节变化，按轻重缓急分别研究制定相应的技术措施，使货物质量不变，以求最大限度地避免和减少商品损失，降低保管损耗。

(一)货品养护的目的

研究安全储存商品的科学养护方法，以保证商品的质量，避免和减少商品损失。

(二)影响货品发生变化的因素

影响货品质量变化的因素很多,通常引起商品变化的因素有内因和外因两种,内因是变化的根据,外因是变化的条件。货品储存期间，同样会发生质量变化，其质量的变化影响因素也同样是多方面的。影响货品质量变化的外界因素主要有空气中的氧气、日光、微生物、仓库害虫、空气温度、空气湿度、卫生条件和有害气体等。

(三)货品养护的方法

1. 温湿度控制

仓库的温湿度是众多影响仓储货品质量变化的环境因素之一。货品对温度和湿度都有一定的适应范围，超过此范围，就会产生负面影响，甚至会发生质的变化。过高、过低的温度和过于潮湿的空气，对货品的储存保养是不利的。因此，货品养护的首要目标，就是采用科学的方法控制与调节温湿度，使之适合于货品的储存，以保证货品完好无损。

2. 温湿度控制的方法

温湿度是影响货品质量变化的重要因素。控制与调节温湿度，必须熟悉货品的性能，了解货品质量的变化规律及货品储存的最适宜温湿度;掌握本地区的气候变化规律及气象、气候知识;采取相应措施控制温湿度的变化，对不适宜货品储存的温湿度要及时调节，保持适宜货品安全储存的环境。最常用的方法有:密封、通风、吸湿等。

3. 温湿度的管理方法

(1)在库内外适当地点设立“干湿球温度计”，一般可在每个库房内的中部悬挂一个，悬挂的高度离地面约1.5米。库外则应挂在“百叶箱”内。

(2)指定专人每天按时观察和记录。观察时间一般上下午各一次，记录的内容应包括:干湿球温度计所表示的温度，依据换算表并对照当时的相对湿度、绝对湿度和饱和湿度，气候变化情况。每天的气候和温湿度情况，可用“气候通知牌”公布以引起注意。每个大中型仓库都可以在库外设置气候通知牌，有关人员每天上下午，及时将库外气候变化情况通知仓库保管人员，以便根据库内外温湿度情况，及时控制和调节库内温湿度。

(3)按月、季、年来分析记录，统计该时期内最高最低和平均温湿度,以便积累资料。

(4)当发现库内温湿度超过要求时，应立即采取相应措施，以达到安全储存的目的。

(四)金属制品的养护处理

金属由于周围介质的化学作用或电化学作用，而发生的损失，叫做金属的腐蚀。习惯上金属在大气中的腐蚀称为锈蚀或生锈。在储存保管着大量的金属材料、金属制品、机车车辆配件、机械设备等的场所，金属锈蚀的现象大量且普遍地存在着，危害严重，损失很大。因此，就要对其进行养护处理。

1. 选择适宜的保管场所

创造良好的条件，选择适宜的场所，改善储存环境，是进行金属制品养护的最基本措施。储存金属制品的仓库，要求通风干燥，门窗严密，便于调节库内温湿度，防止出现较大温差。库内严禁与化工商品或含水量比较高的商品同库储存，以免相互影响，引起锈蚀。

2. 保持库房干燥

保证库房相对湿度在临界湿度以下，一般应将相对湿度控制在70%左右。管理好仓库的温湿度，随时掌握天气变化，避免台风、暴雨侵袭，利用通风办法降温、降潮。库内放置干燥剂也能起降潮作用。保持库房干燥是保障入库五金商品防止或减轻锈蚀的重要条件。一般库房应控制在65%～70%左右。

3. 塑料封存

就是利用塑料对水蒸气及空气中腐蚀性物质的高度隔离性能，防止金属制品在环境因素作用下发生锈蚀。

4. 涂油防锈

在金属制品表面涂一层油脂薄膜，使水分和大气中的氧及其他有害气体不易接触金属制品表面从而防止金属锈蚀，或减缓金属锈蚀的速度，达到防锈的目的。这种方法省时、省力、节约、方便且防锈性能较好。涂油防锈一般采取按垛、按包装或按件涂油密封。涂油前必须清除金属表面灰尘污垢，涂油后要及时包装封存。

涂油防锈的分类有：电镀防锈油、薄层防锈油，蜡膜防锈油、水溶性防锈油、挥发性防锈油、置换型防锈油、封存防锈油等。

防锈油是以油脂或树脂类物质为主体，加入油溶性缓蚀剂所组成的暂时性防锈涂料。防锈油中的油脂或树脂类物质为涂层和成膜物质，常用的有润滑油、凡士林、石腊、沥青、洞油、松香及合成树脂等；油溶性缓蚀剂既有极性基团，又有非极性基团的有机化合物（如硬脂酸、石油脂等），也是能溶于油脂的表面活性剂。常用的油溶性缓蚀剂有石油磺酸钡、二壬基萘磺酸钡、硬脂酸铝、羊毛脂及其皂类等。将金属制品浸涂或热刷防锈油，可以在一定的时间内，隔绝大气中的氧、水分以及有害气体对金属制品的侵蚀，以防止或减缓锈蚀。

5. 气相防锈

就是利用挥发性缓蚀剂，在金属制品周围挥发出缓蚀气体，来阻隔腐蚀介质的腐蚀作用，以达到防锈目的。

气相缓蚀剂在使用时不需涂在金属制品表面，只用于密封包装或容器中，因它是一些挥发性物质，在很短时间内就能充满包装或容器内的各个角落和缝隙。既不影响货品外观，又不影响使用，也不污染包装，是一种有效的防锈方法。

金属制品的养护处理方法不同，在选择防锈材料及方法时，应根据其特点、储存环境条件储存期的长短等因素，同时还要考虑相关的成本及防锈施工的难易，以收到较好的防锈效果。

（五）虫害的防治

仓库的害虫不仅蛀食动植物货品和包装，而且还能危害塑料、化纤等化工合成货品。因此，仓库虫害的防治工作是货品养护的一项十分重要的工作。

1. 杜绝仓库害虫的来源

仓库一旦发生虫害，必然造成极大危害。因此，必须加强入库验收，将货品根据具体情况，分别入库，隔离存放。在货品储存期间，要定期对易染虫害的货品进行检查，做好预测预报工作；做好日常的清洁卫生，铲除库区周围的杂草，清除附近沟渠污水，同时辅以药剂进行空库消毒，在库房四周1米范围用药剂喷洒防虫线，以有效杜绝害虫的来源。

2. 物理防治

就是利用物理因素（光、电、热、冷冻、原子能、超声波、远红外线、微波及高频振荡等）破坏害虫的生理机能与机体结构，使其不能生存或抑制其繁殖。

3. 化学防治

是利用化学药剂直接或间接毒杀害虫的方法。

在化学防治中，要选用对害虫有较高毒性的药剂，同时选择害虫处在抵抗力最弱的时期施药。施药时，应严格遵守药物使用规定，注意人身安全和被处理货品、库房建筑以及备品用具的安全。应采取综合防治与轮换用药等方法，以防形成抗药性。

(六)霉变的防治

霉变是仓储货品的主要质量变化形式，霉变产生的条件有：货品受到霉变微生物污染；货品含有可供霉变微生物利用的营养成分(如有机物构成的货品)；并处在适合霉变微生物生长繁殖的环境下。

霉菌往往寄生于能供给它养料的有机材料，如木、皮革、皮棉、麻制品等上面。要想防治霉变，必须根据霉菌的生理特点和生长繁殖的环境条件，采取相应的措施，抑制或杀灭霉菌微生物。

1. 常规防霉

常规防霉可以采用低温防霉法与干燥防霉法。低温防霉法就是根据货品的不同性能，控制和调节仓库温度，使货品温度降至霉菌生长繁殖的最低温度界限以下抑制其生长。干燥防霉法就是降低仓库环境中的湿度和货品本身的含水量，使霉菌得不到生长繁殖所需要的水分，达到防霉变的目的。

2. 药剂防霉

是将对霉变微生物具有杀灭或抑制作用的化学药品散加或喷洒到货品上，如苯甲酸及其钠盐对食品的防腐，托布津对果菜的防腐保鲜，另外，还有水杨酰苯胺及五氯酚钠等对各类日用工业品及纺织品、服装鞋帽等的防腐。

防霉药剂能够直接干扰霉菌的生长繁殖。理想的防霉药剂，应当是灭菌效果好，对人的毒害小。常用的有水杨酸苯胺、五氯酚钠、氯化钠、多菌灵、托布津等。

3. 气相防霉

就是利用气相防霉剂散发出的气体，抑制或毒杀货品上的霉菌，是一种较先进的防霉方法。用法是把挥发物放在货品的包装内或密封垛内。

对已经发生霉变但可以救治的货品，应立即采取措施，根据货品性质可选用晾晒、加热消毒、烘烤、熏蒸等办法，以减少损失。

☞任务操作

步骤一：在库货物检查

根据经验，仓管员小聪在进行在库货物检查时主要从最易发生问题的地方着手，如近窗、沿墙、垛底、垛心等处，特别注意货品温度、水分、气味、包装物外观、货垛状况是否有异常情况。小聪在检查过程中发现暂存平堆区的2台冰箱的外包装有受潮现象。当发现货品有异常时，小聪作为仓管员首先填写了《货品异状情况表》，见表3-1-1，并及时向相关负责人汇报，进行货品受潮的救治，使货品损失降到最小。

表 3－1－1　　华夏物流仓储中心货品异状情况表

时间:2014 年 2 月 28 日　　检查人:小聪

序号	商品编码	商品名称	异状情况	处理结果
1	6901277456998	冰箱	2 台外包装受潮	对其进行晾晒处理

仓管员小聪填写好货品异常情况表后，交由领导审批，并由专门仓库操作工协助完成货品的异常处理。

步骤二:调节仓库温湿度

1. 测定仓库温湿度

仓管员小聪首先对仓库温湿度进行了测定。华夏物流仓储中心使用干湿球温度表来测定空气温湿度，如图 3－1－1。干湿表安置在空气良好流通、不受阳光照射的地方，悬空挂在离地面 1.5 米左右的地方。小聪定时对库内的温湿度进行观测并且记录下来，记录表见表 3－1－2。一般在上午 9 点、下午 15 点各观测一次，同时对每次观测信息都做详细记录。

图 3－1－1　干湿球温度表

表 3－1－2　　仓库温湿度记录表

库区:C00011　　储存商品:家电产品

时间	天气	上午					下午					备注
		温度(℃)		湿度(℃)		调节措施	温度(℃)		湿度(℃)		调节措施	
		库内	库外	库内	库外		库内	库外	库内	库外		

2. 调节仓库温湿度的方法

对于温湿度的控制，华夏物流仓储中心采用密封、通风与吸潮相结合的办法。因此，仓管员小聪根据仓库温湿度情况，完成仓储中心内部的及时通风，以确保仓库温湿度保持在一个良好状态。

步骤三:货品霉腐防治

仓库管理中，防止货品霉腐的措施一般有温控法、湿控法、除氧剂除氧法、气调储存、酸碱度控制法、化学方法、物理方法等。救治货品霉腐的措施一般包括:晾晒、高温烘烤、药剂熏蒸、紫外线照射等。华夏物流仓储中心一般采用温控法和晾晒来预防和救治货品霉腐。

步骤四:仓库虫鼠害防治

防治仓库害虫的方法有:驱虫剂驱虫法、灯光诱杀除虫法、高温或低温除虫法、熏蒸除虫法、密闭法等。

防治仓库鼠害的方法有:器械捕鼠法、毒饵诱杀法、粘鼠胶法等。华夏物流仓储中心采用驱虫剂驱虫和器械捕鼠。

☞ 任务评分

班级			姓名		小组			
任务名称		货物保管						
考核内容		评价标准		参考分值（100）	学生自评	小组互评	教师评价	考核得分
职业素养情况	1	具有丰富的商品知识		5				
	2	具有在库物品的安全保护意识		10				
	3	在任务实施过程中掌握商品理化性质的保管要求		10				
知识掌握情况	4	了解货品养护的目的		5				
	5	熟悉货品养护的方法和货品发生变化的因素		10				
	6	掌握金属制品的养护处理以及如何防治虫害和霉变		10				
能力提升情况	7	能够完成在库货品的检查及仓库温湿度的调节		10				
	8	了解仓库货物霉腐和仓库虫鼠害的防治方法		10				
	9	能够主动搜集所需信息，进行自主学习		10				
参与活动情况	10	积极参与任务实施		5				
	11	积极参与小组讨论		5				
	12	积极回答老师提问		10				
小计								
合计 = 自评＊20% + 互评＊40% + 教师评＊40%								

☞操作习题作业

一、模拟案例

根据华夏物流仓储中心仓库管理制度，仓管员小聪需要每天对仓库进行一次全面的日常检查，包括：货物检查、仓库温湿度控制、消防安全预防等。

请按照案例要求，做模拟准备，完成在库货品安全管理操作练习。

二、知识考核

（一）单选题

（　　）是仓库常用的测温、湿度的工具。

A. 水银温度计

B. 干湿温度计

C. 酒精温度计

D. 煤油温度计

（二）多选题

仓库安全管理的原则有（　　）。

A. 提高工作效率

B. 及时发现并消除库内各种危险隐患

C. 有效防止灾害性事故发生

D. 保护仓库人、财、物的安全

（三）判断题

1. 库外无风时，主要开启上部下部通风口、门窗进行空气交换。

2. 库房温湿度观测通常是上午 8 ~ 10 时，下午 2 ~ 4 时各一次。

任务二　盘点作业

所谓盘点作业，是指定期或临时对库存商品的实际数量进行清查、清点的作业，即为了掌握货物的流动情况（入库、在库、出库的流动状况），对仓库现有物品的实际数量与保管账上记录的数量相核对，以便准确地掌握库存数量。

☞ 任务目的

1. 核查实际库存数量，能够根据盘点任务正确制定盘点计划；

2. 选择合适的盘点方式，进行盘点人员的正确分工，熟练使用盘点的相应单证；

3. 能够依据盘点计划实施负责区域货物的初盘作业和复盘作业，发现物品管理中存在的问题；

4. 能正确处理各种盘点结果，完成盘点差异调整，计算企业资产的损益。

☞ 任务内容

2014 年 2 月 28 日 17:00，华夏物流仓储中心客服部的单证信息员张乐接到仓储经理李军安排的盘点任务，要求于2014年3月1日上午9:00由仓管员小聪组织盘点人员王伟、梁博对托盘货架区A区客户惠万家超市的家电产品进行盘点。

盘点区域的账面库存明细见表3-2-1：

表3-2-1　　　　库存明细表

库存明细（账面）

客户：惠万家超市

库房：华夏物流仓储中心托盘区　　　　日期：2014年3月1日

库区	储位	条形码	货物名称	产品规格	账面数量	单位
合计						

根据要求完成盘点作业。

☞任务准备

模拟华夏物流仓储中心，准备的设备有：

手持终端2台、托盘货架区、模拟货品等设备。

☞任务分工

本任务人员岗位分工为：

岗位	岗位职责	主要内容	技能要求与基本素质	对应人员
信息员	订单信息录入。	接收盘点任务，并进行盘点单的制作、打印； 将准备好的盘点单准确、及时传达给盘点人员。	理解单据的含义与重点、能够独立完成表单的制作； 具有较强的沟通能力，熟悉办公软件的应用。	张乐
盘点员	负责清点托盘货架区货品数量。	完成货品实物盘点； 准确填写盘点单据。	掌握盘点的方法应用并有基础的分析能力； 有一定的沟通能力。	王伟、梁博
仓管员	负责盘点结果的处理。	完成货物盘点后的盈亏分析及处理。	对盘点结果中的账货不符能够进行分析； 有一定的管理、沟通能力。	小聪

☞任务资讯

一、盘点作业的目的

（一）确定现存量

由于多记、误记、漏记等原因，常使库存资料记录与现实不符。此外，由于货品损坏、丢失、验收与出货时清点有误等原因，导致账面数量与实际库存数量产生差异。而盘点作业可以确定现有库存货品实际库存数量，并通过盈亏调整使库存账面数量与实际库存数量一致。因此，必须通过定期的盘点作业来确定库存数量，及时发现问题并查明原因，进行调整库存。

（二）确认企业资产的损益

库存货品总金额过大，库存量过高，会使企业流动资金的正常运转受到威胁，而库存金额又与库存量及其单价成正比，因此为了能准确地计算出企业的实际损益，必须通过盘点来实现。

（三）核实货品管理成效

通过盘点可以发现仓库作业与管理中所存在的问题，并通过解决问题的方式来改善作业的流程和作业的方式，提高人员素质和企业的管理水平，实现企业仓库管理的高效性。

二、盘点作业的内容

（一）查数量

通过点数计算查明货品在库的实际数量，核对库存账面资料与实际库存数量是否一致。

（二）查质量

检查在库货品质量有无变化，有无超过有效期和保质期，有无长期积压等现象，必要时还必须对货品进行技术检查。

（三）查保管条件

检查保管条件是否与各种货品的保管要求相符合。如堆码是否合理稳固，库内温湿度是否符合要求，各类计量器具是否准确等。

（四）查安全

检查各种安全措施和消防设备、器材是否符合安全要求，建筑物和设备是否处于安全状态。

三、盘点作业的原则

进行货品盘点时，应该按照以下原则进行：

（一）真实

要求盘点所有的数据、资料必须是真实的，不允许作弊或弄虚作假，掩盖漏洞和失误。

（二）准确

盘点作业要求的是准确无误，无论是资料的输入、陈列的核查、盘点的点数，都必须准确。

（三）完整

所有盘点作业的流程，包括区域的规划、盘点的原始资料、盘点点数等，都必须完整，不要遗漏区域、遗漏货品。

（四）清楚

盘点作业过程属于流水作业，不同的工作人员负责不同的工作，所以所有的资料必须清楚，人员的书写必须清楚，货物的整理必须清楚，才能使盘点顺利进行。

(五)团队精神

盘点是全店人员都参加的营运过程。为减少停业的损失，加快盘点的时间，超市各个部门必须有良好的配合协调意识，以大局为重，使整个盘点按计划进行。一般是每月对货品盘点一次，并由盘点小组负责各店铺的盘点工作。

为了确保货品盘点的效率，应坚持三个原则：

1. 售价盘点原则，即以货品的零售价作为盘点的基础，库存货品以零售价金额控制，通过盘点确定一定时期内的货品溢损和零售差错。

2. 即时盘点原则，即在营业中随时进行盘点，"停止营业"以及"月末盘点"并不一定才是正确的盘点，超市(尤其是便利商店)可以在营业中盘点，且任何时候都可以进行。

3. 自动盘点原则，即利用现代化技术手段来辅助盘点作业，如利用掌上型终端机可一次完成订货与盘点作业，也可利用收银机和扫描器来完成盘点作业。

四、盘点作业的种类

货品盘点分为账面盘点及现货盘点两种：

1. 账面盘点，又称永续盘点，就是把每天入库及出库货品的数量及单价，记录在电脑或账簿上，而后不断地累计加总算出账面上的库存量及库存金额。

2. 现货盘点，又称实地盘点，也就是实地去点数，调查仓库内货品的库存数，再依货品单价计算出库存金额的方法。

因而如要得到最正确的库存情况并确保盘点无误，最直接的方法是确定账面盘点与现货盘点的结果完全一致。如存在差异，即是产生账货不符的现象，就应分析寻找错误原因，弄清究竟是账面盘点记错还是现货盘点点错，划清责任归属。

货品盘点按照盘点工具的不同分为手工盘点、盘点机盘点。手工盘点：主要靠人员手工记录盘点内容，货品数据，然后跟电脑核对。盘点机盘点：利用数据采集器设备，把需要盘点的货品信息导入到采集器中，然后利用盘点机扫描货品条码，显示相应的信息，盘点人员根据现实数量录入采集，最后导入系统管理软件比对，生成盘盈盘亏单。

注意事项

造成盘点账实不符的原因主要有：

1. 盘点采用实盘实点方式，禁止目测数量、估计数量；

2. 盘点时注意物料的摆放，盘点后需要对物料进行整理，保持原来的或合理的摆放顺序；

3. 所负责区域内物料需要全部盘点完毕并按要求做相应记录；

4. 参照初盘、复盘、查核、稽核时需要注意的事项；

5. 盘点过程中注意保管好"盘点表"，避免遗失，造成严重后果。

☞任务操作

步骤一：生成盘点作业计划

2014年2月28日17:00，华夏物流仓储中心客服部的单证信息员张乐接到仓储经理李军安排的盘点任务后，其工作步骤是：

1. 首先根据盘点要求在仓储系统中完成盘点作业计划；

2. 打印空白的盘点作业单；

3. 将盘点单和作业计划同时传递给仓管员小聪。

单证信息员张乐登陆华夏物流仓储中心的【仓储管理】系统中，选择左侧任务栏中的【盘点管理】→【盘点任务】，进入到盘点作业列表中，如图 3－2－1 所示：

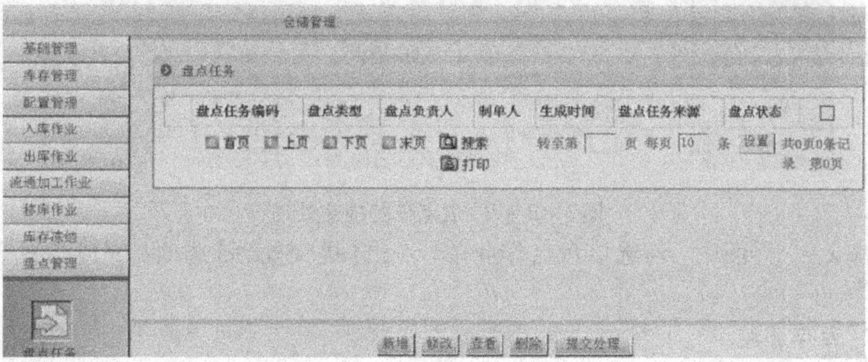

图 3－2－1　新增盘点任务

在图 3－2－1 界面中，点击【新增】选项，根据盘点任务完成盘点的库房：华夏物流仓储中心；盘点类型：按区盘点；盘点储区：托盘货架区；负责人：小聪等信息填写。如图 3－2－2 所示：

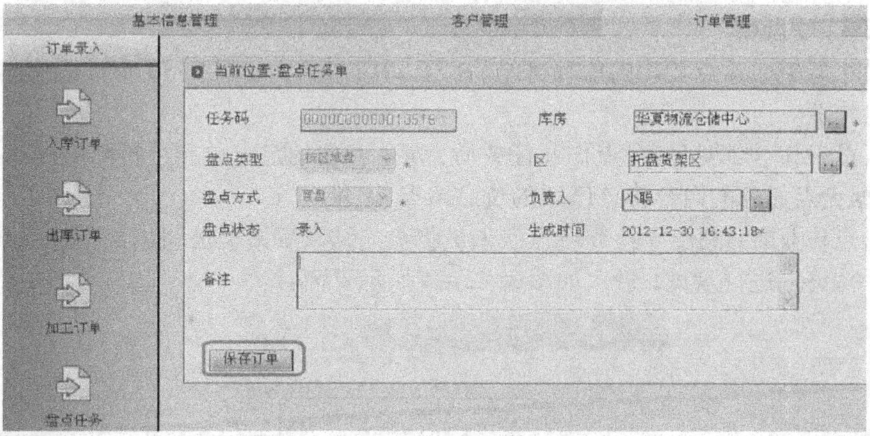

图 3－2－2　盘点任务基本信息填写

注：其中盘点方式默认为盲盘，针对每次盘点，接单人员打印盘点表，不包括产品数量，交给盘点人员。至少两名盘点人员进行盘点，将盘点数量填写在空白处，盘点后由二人共同签字确认数量。将盘点表交于报表人员，报表人员将盘点数量输入盘点表，进行数量的匹配，如有数量的差异，需重新打印差异单，进行二次盘点，二次盘点后无差异存档。如有差异，需进行核查，如发现有收发货错误的，需及时联系客户，是否能挽回损失，无法挽回的损失，按照事故处理程序办理。订单填写无误后，点击下方的【保存订单】按钮，进入图 3－2－3 所示界面：

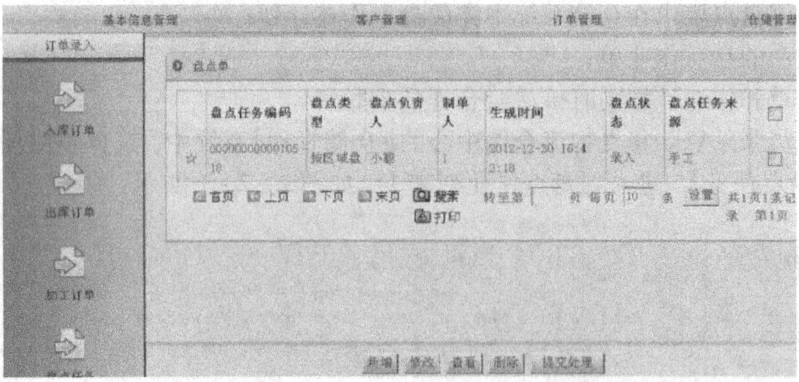

图 3-2-3　盘点任务提交处理

在图 3-2-3 界面中，勾选该盘点作业单，点击【提交处理】选项，完成生成盘点作业计划的操作。

步骤二：库存冻结

仓管员小聪接到信息员张乐发送过来的盘点作业任务后，进入华夏物流仓储中心客服部的【仓储管理】→【库存冻结】界面，点击【增加】按钮，然后填写或选择【冻结类型】、【客户码】、【货物编码】等信息选项，点击下方的【提交】按钮，并对其进行【执行冻结】，完成冻结库存操作。

步骤三：实物盘点

仓管员小聪完成盘点货物的库存冻结后，于2014 年3 月1 日9:30 安排王伟进行初盘、梁博进行复盘作业。

盘点人员王伟、梁博接到盘点作业任务后，拿着空白的盘点单和手持终端到达“托盘货架区”，并根据盘点任务的内容将该区域的货品清点、记录。

进行盘点作业时，利用手持终端盘点人员将盘点结果反馈至公司内部信息系统。盘点人员登录到手持终端进行盘点，进入如图 3-2-4 所示界面：

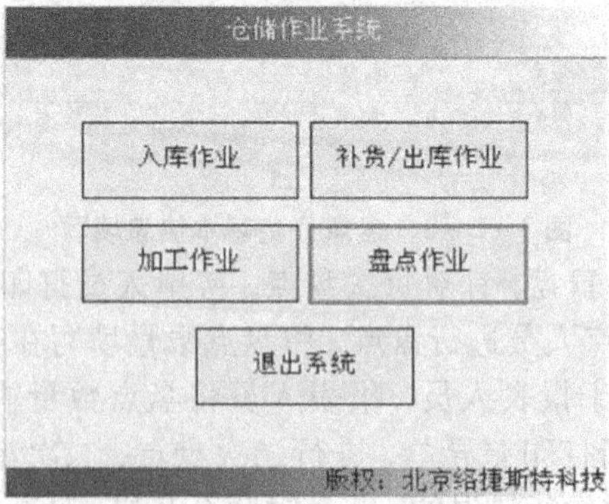

图 3-2-4　盘点手持开始页面

在图 3-2-4 界面中，为了进入待盘点任务界面，需点击【盘点作业】选项，如图 3-2-5 所示界面：

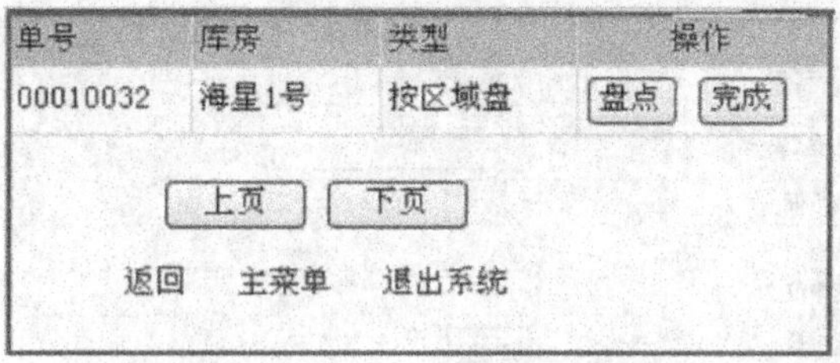

图 3－2－5　待盘页面

在图 3－2－5 界面中，点击待操作任务对应的【盘点】选项，进入图 3－2－6 所示界面：

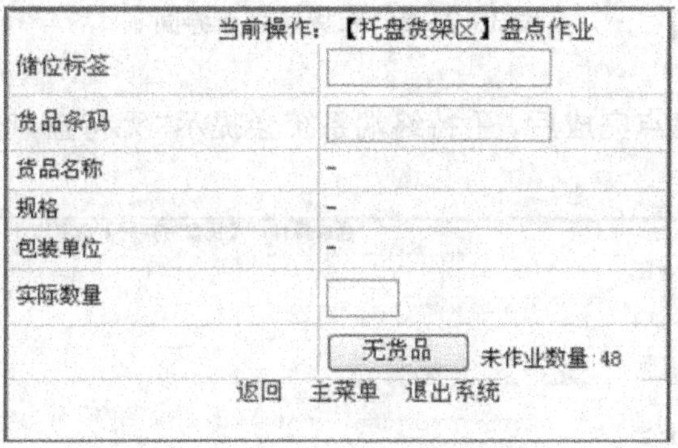

图 3－2－6　盘点开始

利用手持终端的功能，盘点人员扫描储位标签，再扫描储位上的货品条码信息。系统会自动显示出该货品的信息，如图 3－2－7 所示：

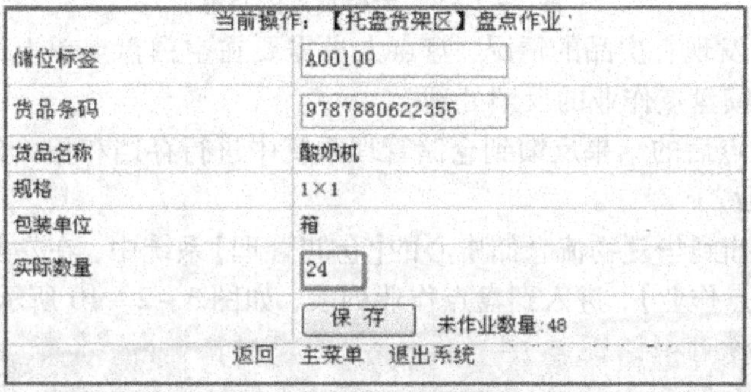

图 3－2－7　读取信息

盘点人员需要清点该储位上货品的数量是否一致，依次完成初盘作业及复盘作业，并将最终盘点的库存数量填写到图 3－2－7 所示的【实际数量】中，然后点击【保存】按钮保存数据至信息系统。

依次重复上述盘点作业操作，进行托盘货架区全部货位的盘点工作。

注：假如在某一个储位上没有任何货品放置，则扫描该储位标签后，直接点击【无货品】选项即可，如图 3－2－8 所示：

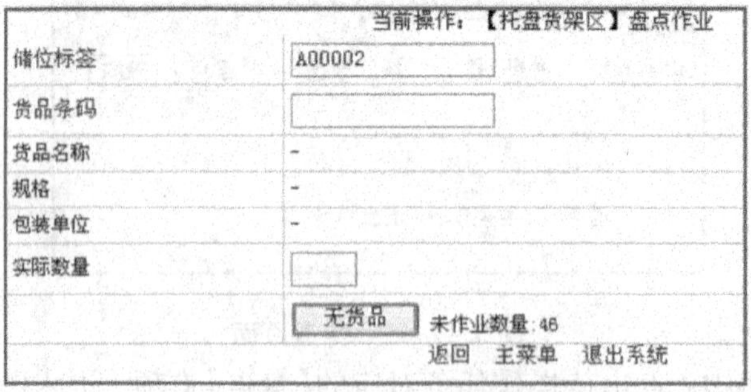

图 3-2-8　无货品盘点界面

待该盘点任务全部盘点完成后，手持终端系统会提示“无待盘点的货品”，如图 3-2-9 所示：

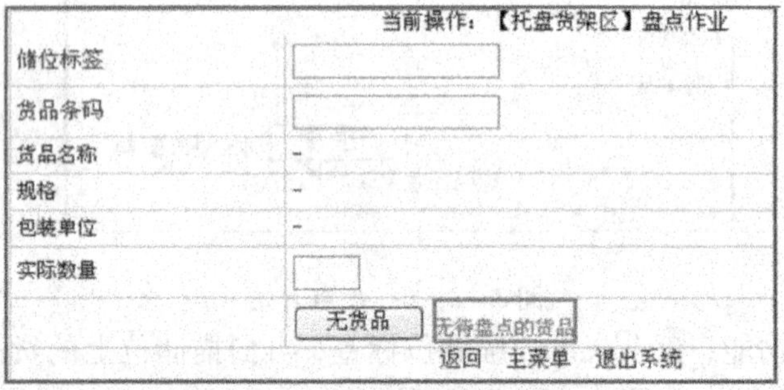

图 3-2-9　无待盘点的货品

假如盘点过程中发现有次品的情况，盘点人员需要在空白盘点单上做备注，记录正品和次品的数量，便于后续盘点作业的反馈处理。

盘点人员需把盘点后的结果反馈到仓储管理系统中进行存档和相关分析。

步骤四：盘点作业

盘点员梁博，登陆到华夏物流仓储中心的【仓储管理】系统中，在左侧任务栏中，选择选项【盘点管理】→【盘点作业】，进入到盘点作业列表，如图 3-2-10 所示：

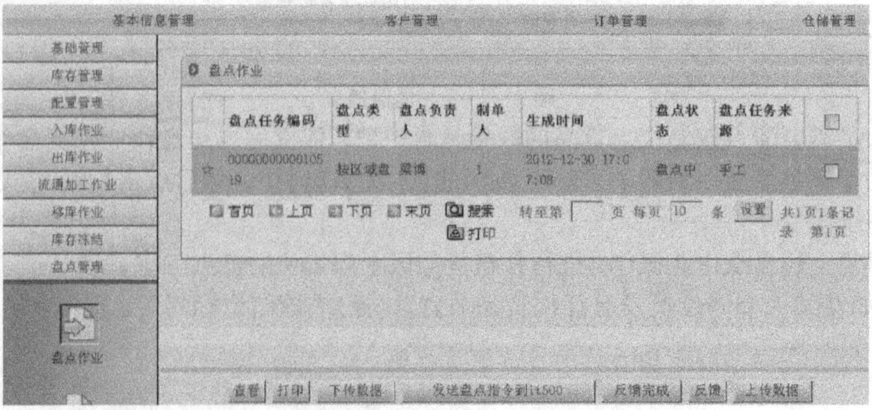

图 3-2-10　盘点作业反馈

选中盘点任务，点击作业列表下方的【反馈】按钮，进入如图 3 – 2 – 11 所示界面：

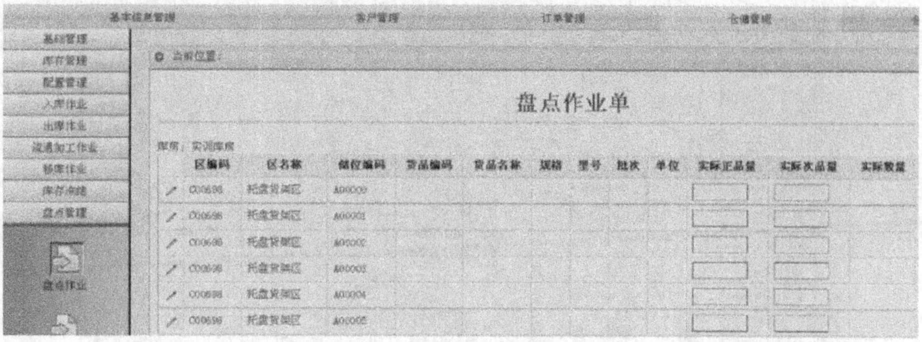

图 3 – 2 – 11　盘点单

在图 3 – 2 – 11 所示界面中，右侧的“实际数量”应为盘点人员在仓库中盲盘时所统计出的实际货品数量，即通过手持终端传递回来的盘点数量。盘点员梁博根据“盘点单”依次填写正品、次品的数量如图 3 – 2 – 12 所示：

图 3 – 2 – 12　盘点单录入

实盘数据反馈完毕后，点击【反馈完成】按钮，进入如图 3 – 2 – 13 所示界面：

图 3 – 2 – 13　反馈完成

步骤五：盘点差异调整

盘点员梁博将盘点的实际情况反馈到华夏物流仓储中心的【仓储管理】系统后，需要通知仓管员已完成盘点作业。仓管员也需要对盘点结果进行查看，假如存在差异的盘点结果，需要对盘点作业进行复查、核实，最后对差异情况进行调整，以调整仓储库存。

仓管员小聪登陆到【仓储管理】系统，在【盘点管理】作业任务下选择【盘点调整】，如图 3－2－14 所示：

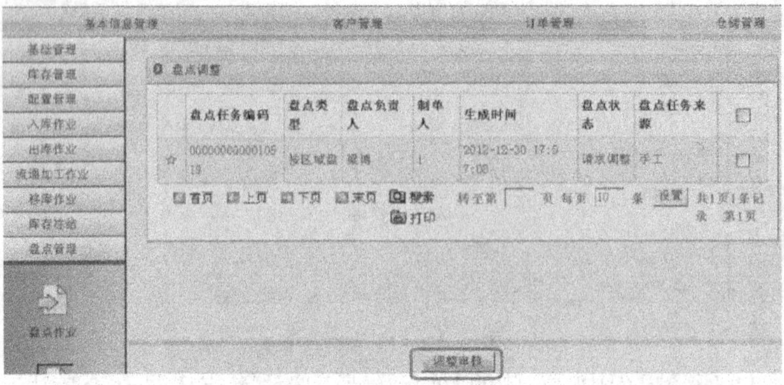

图 3－2－14　调整审核

在图 3－2－14 所示界面中，点击【调整审核】按钮，进入如图 3－2－15 所示界面：

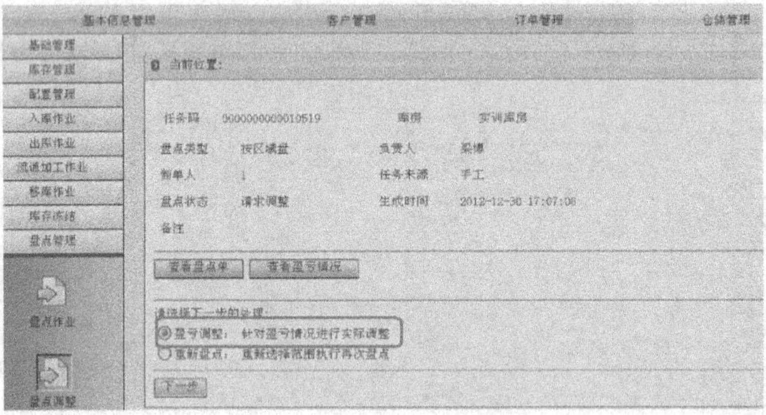

图 3－2－15　盈亏调整

在图 3－2－15 所示界面中，根据实盘数量对系统库存进行盈亏调整，选择盈亏调整选项，然后点击【下一步】按钮，进入如图 3－2－16 所示界面：

图 3－2－16　调整确认

注:假如盘点结果与库存情况存在着比较大的差异，需要再派另外一名盘点员进行重新复盘、二次复盘，则需要选择“重新盘点”。

由于存在差异的情况为正次品的情况，因此，在进行差异调整时需选择“正次”调整选项。即在图 3－2－16 中，调整类型选择为“正次”，然后点击【调整确认】按钮，完成盘点差异的调整。

待差异调整完毕后，仓管员小聪登陆到手持终端，进入到盘点作业列表中，点击【完成】，见图 3－2－17 所示：

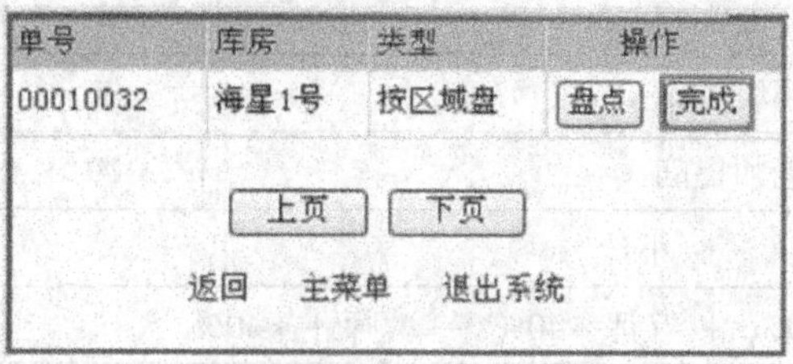

图 3－2－17　盘点完成

完成盘点操作。

步骤六:库存解冻

仓管员小聪进入【仓储管理】→【库存冻结】→【库存解冻】界面，勾选本次盘点冻结的货品，然后点击下方的【解冻】按钮，完成本次库存解冻操作。

至此，整个盘点作业结束。

☞ 任务评分

班级		姓名		小组			
任务名称		盘点作业					
考核内容		评价标准	参考分值（100）	学生自评	小组互评	教师评价	考核得分
职业素养情况	1	具有吃苦耐劳的精神，有耐心面对工作量大的盘点工作	5				
	2	具有较强的个人办事能力	5				
	3	在任务实施过程中严格按照盘点流程执行	10				
知识掌握情况	4	掌握盘点作业的目的	10				
	5	熟悉盘点作业的内容	5				
	6	掌握盘点作业的原则	10				
	7	理解盘点作业的种类	5				

续表

能力提升情况	8	能够根据盘点任务正确制定盘点计划，选择合适的盘点方式，进行盘点人员的正确分工	10				
	9	能够依据盘点计划实施负责区域货物的初盘作业和复盘作业，正确处理各种盘点结果，完成盘点差异调整	10				
	10	能够主动搜集所需信息，进行自主学习	10				
参与活动情况	11	积极参与任务实施	5				
	12	积极参与小组讨论	5				
	13	积极回答老师提问	10				
小计							
合计 = 自评 * 20% + 互评 * 40% + 教师评 * 40%							

☞操作习题作业

一、模拟案例

2014 年 2 月 28 日 17:00，华夏物流仓储中心客服部的单证信息员张乐接到仓储经理刘硕安排的盘点任务，要求于2014 年3 月1 日上午9:00 由仓管员小聪组织盘点人员王伟、梁博对托盘货架区 B 区客户惠万家超市的办公用品进行盘点。

盘点区域的账面库存明细见表 3-2-1：

表 3-2-1　　库存明细表(账面)

客户:惠万家超市

库房:华夏物流仓储中心托盘区　　日期:2014 年 3 月 1 日

库区	储位	条形码	货物名称	产品规格	账面数量	单位
合计						

请按照案例要求，做模拟准备，完成盘点作业操作练习。

二、知识考核

(一)单选题

盘点最主要的内容是(　　)。

A. 查安全

B. 查保管条件

C. 查质量

D. 查数量

(二)多选题

1. 以下属于盘点原则的是(　　)。

A. 完整

B. 真实

C. 清楚

D. 准确

2. 为了确保货品盘点的效率，应坚持三个原则是(　　)。

A. 随机盘点原则

B. 售价盘点原则

C. 即时盘点原则

D. 自动盘点原则

3. 造成盘点账实不符的原因包括(　　)。

A. 盘点方法不当

B. 由于贪污、盗窃、徇私舞弊等造成的货物损失

C. 由于计量、检验方面的问题造成货物数量或质量上的差错

D. 由于自然灾害造成的非常损失和非常事故而造成货物毁损

(三)判断题

1. 循环盘点出差错的几率多，且不易被发现。

2. 期末盘点有可能需要全体人员参加。

3. 重点盘点法，又称永续盘点，是指对有动态变化的商品即发生过收、发的商品，及时核对该批商品的余额是否与账、卡相符的盘点方法，有利于及时发现差错并及时处理。

任务三　移库作业

移库作业作为库内作业的一种，是根据需要调整库存储位的一种手段。移库是指业务流程中需要将库存货品从 A 仓库转移到 B 仓库或从 A 货位移到 B 货位，进而储存并进行保管。

移库作业流程如图 3－3－1 所示：

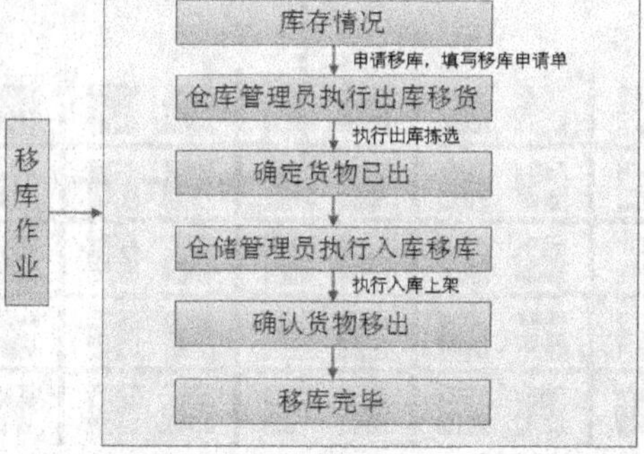

图 3－3－1　移库作业流程

☞ 任务目的

1. 对移库作业概念的认知及发挥的作用；
2. 掌握移库作业的基本操作；
3. 了解移库作业对于企业的重要性。

☞任务内容

2014 年 3 月 5 日，华夏仓储的仓管员小聪根据货物出入库的频率对托盘存储区的货物进行了优化管理，以提高出入库速度和工作效率。制定移库计划将托盘货架区 C00011 - A00108 的名称为电火锅（条码为 9787883203872，数量为 32 箱）的货物移至托盘货架区 C00011 - A10300。

移库作业单如下表 3 - 3 - 1 所示：

表 3 - 3 - 1： **移库作业单**

货物名称	数量	单位	质量	类别	适用包装箱尺寸
电火锅	32	箱	正品	电器	450mm × 300mm × 200mm
客户名称	惠万家超市				
库房名称	华夏物流仓储中心				
源储位	托盘货架区 C00011 - A00108				
目标储位	托盘货架区 C00011 - A10300				
下达时间	2012 年 11 月 21 日 10:30				

移库货物和储位信息如图 3 - 3 - 2 所示：

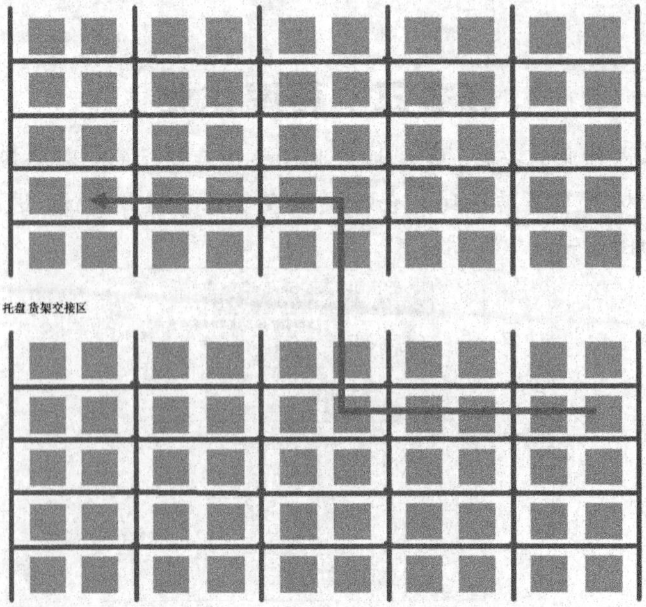

图 3 - 3 - 2　货物储位信息

☞任务准备

模拟华夏物流仓储中心，准备：

仓储管理系统仓储管理系统 1 套、托盘货架区、模拟货品 1 托等。

☞任务分工

本任务人员岗位分工为：

岗位	岗位职责	主要内容	技能要求与基本素质	对应人员
单证信息员	负责货物移库电子信息的录入与生成作业计划； 负责信息报送的准确性、及时性。	接收货物移库通知，并审核； 货物移库单的制作； 将移库信息准确、及时传达给仓管员。	理解单据的含义与重点，能够独立完成表单的制作； 具有较强的沟通能力，熟悉办公软件的应用。	张乐
仓管员	负责移库作业的调度。	完成移库作业的安排及协调工作。	能够进行储位优化； 有一定的管理、沟通能力。	小聪
操作工	负责移库作业的具体操作。	完成移库作业的源储位下架作业； 完成移库货品的搬运工作； 完成移库货品的目标储位上架工作。	熟悉掌握装卸搬运设备的使用； 有合作意识。	吕帅

☞任务资讯

一、移库定义

物品移库是库内作业的一种，是根据需要进行调整库存储位的一种手段。

移库一般作业流程：

(一)打印移库单

信息系统对库内数据进行分析后，打印出移库单，交给移库作业人员。

(二)移库作业

移库作业人员凭移库作业单进行移库作业，并对完成的移库作业进行确认。

(三)调整储位

信息系统对确认过的移库作业进行储位信息的更新，完成移库作业。

二、移库目的

物品移库的主要目的有：

(一)优化储位

根据商品的周转率，进行 ABC 分析，对商品进行储位的移动，以优化库存结构。

(二)提高仓储效率

为了提高库内仓储效率，对不满一个托盘的商品进行拼盘作业，以提高储位的仓储效率。

三、货物的转仓

货物的转仓是货物存放地点的变动。某些货物由于业务上的需要，或由于货物不同特性的原因需要变更储存场所，从一个仓库(或仓位)转移至另一个仓库(或仓位)储存时，必须根据有关部门开具的货物移库单来组织货物出库。

转仓可分为内部转仓和外部转仓，内部转仓填制仓储企业内部的转仓单，并据此发货；外部转仓则根据货主填制的货物转仓单结算和发货。

注意事项

在物品移库前，要进行以下准备工作：

1. 整理仓库

将源库区相同型号的货品集中存放、堆码整齐，并清点数量。将目的库区清扫干净，做好必要的苫垫等准备工作。

2. 设备调配

安排两到三辆叉车以便加快装卸速度、提高工作效率。

3. 人员组织

安排两到三名仓管员指挥组织协调移库作业。

4. 填制移库单

根据实训任务，仓储商务人员编制移库单。

5. 打印移库单

仓储商务人员将移库单打印出来，签字盖章，交给仓管员进行移库作业。

☞任务操作

步骤一：生成移库作业

华夏物流仓储中心客服部的单证信息员张乐将移库指令录入到仓储管理系统中并生成移库作业计划，然后提交给仓管员小聪。

信息员张乐登陆【仓储管理】系统，选择【移库作业】→【移库作业单】，进入移库作业列表，如图3-3-3所示：

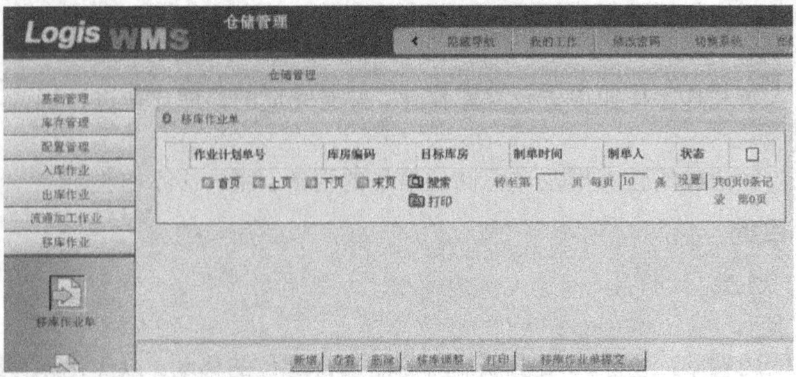

图3-3-3　移库作业列表

在图 3－3－3 界面中，点击下方的【新增】按钮，进入到移库作业单填写界面。填写好需要移库的【库房信息】，填写从库房：华夏物流仓储中心，移至库房：华夏物流仓储中心。

可以在下方的“源－库存条目”列表中，查询需要移库货品的库存情况：【选择】客户编码、填选待移库货品名称：电火锅，点击【查询库存】，系统就会按查询的条件过滤出可以移动的库存货品，如图 3－3－4 所示：

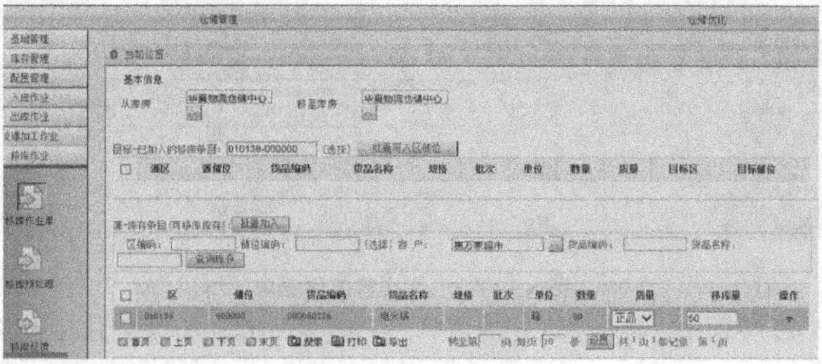

图 3－3－4　查询库存

在图 3－3－4 界面中，根据库存货品的库存量确定移库量，点击要移库的货品右侧的上移箭头，将货品移动到移库条目区域，如图 3－3－5 所示：

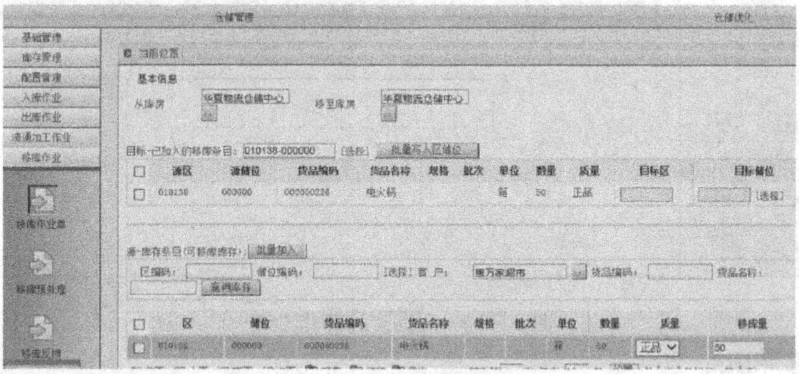

图 3－3－5　移库列表

在图 3－3－5 界面中的移库目标区域，点击【选择】“目标储位”信息，如图 3－3－6 所示：

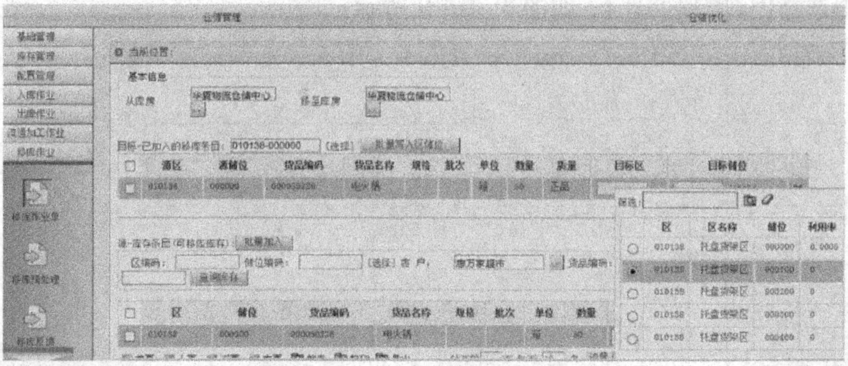

图 3－3－6　选择移库目标区域

在图 3－3－6 界面中，确定移库的目标区域后，点击图【保存】按钮，进入如图 3－3－7 所示界面：

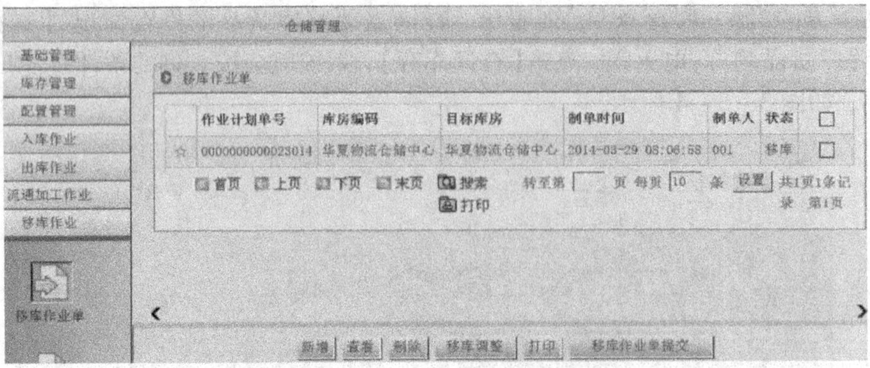

图 3－3－7　生成移库作业单

在图 3－3－7 界面中，勾选录入好的订单，点击【移库作业单提交】按钮，进入图 3－3－8 所示界面。

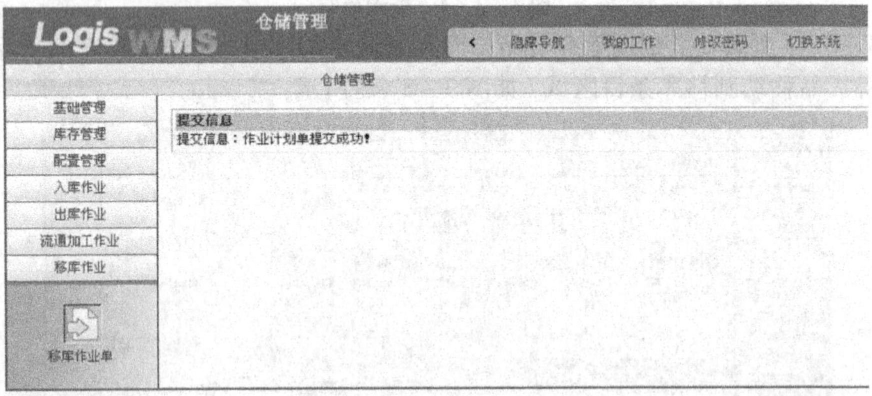

图 3－3－8　提交移库作业单

步骤二：移库预处理

仓管员小聪接到移库作业的任务后，需要通过移库预处理，来了解移库作业的基本信息、拣货情况、上架和资源调度情况等。仓管员小聪首先登陆【仓储管理】系统，然后在【移库作业】任务中选择【移库预处理】，如图 3－3－9 所示：

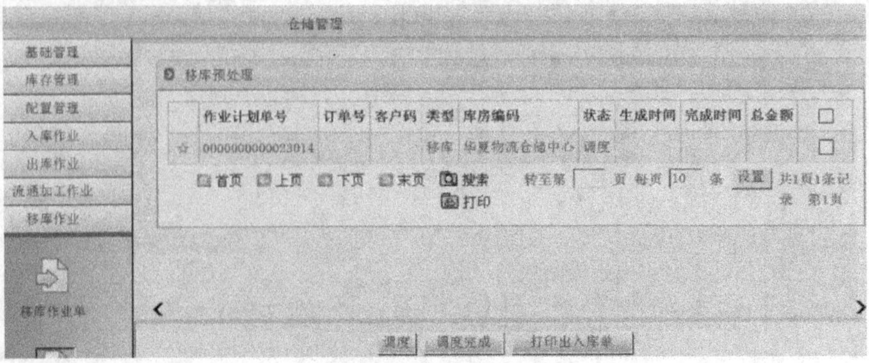

图 3－3－9　移库预处理

在图3－3－9界面中，勾选预处理的订单选项，点击【调度】按钮，进入如图3－3－10所示界面：

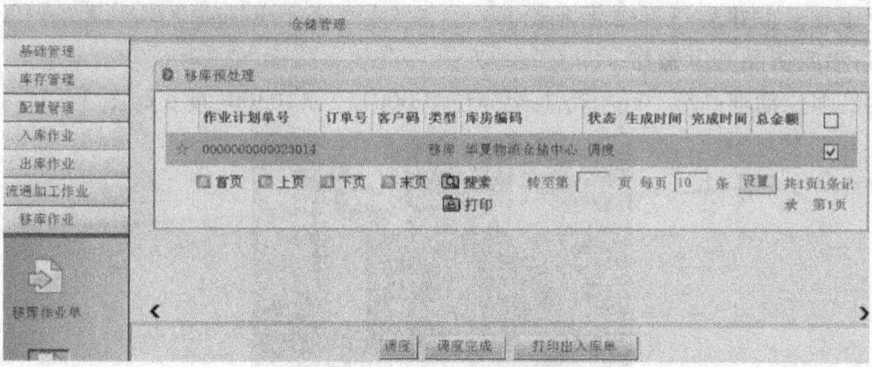

图3－3－10　移库调度

在图3－3－10界面中，进入移库调度界面，在基本信息栏中查看移库作业的源区域和目标区域的设定是否正确，如图3－3－11所示：

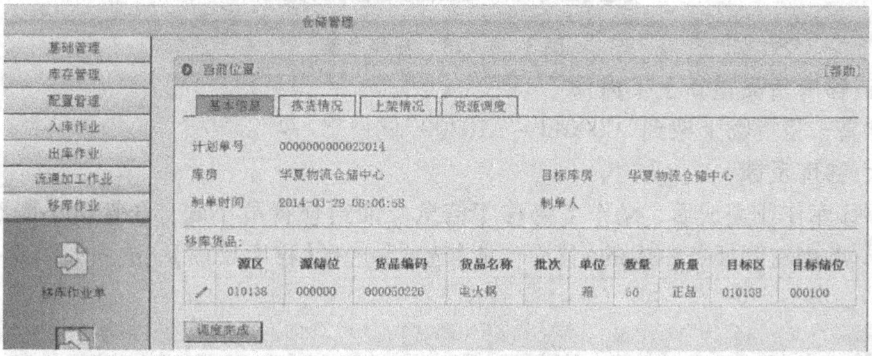

图3－3－11　移库基本信息

在图3－3－11界面中，查看并确认移库单的基本信息、拣货情况、上架情况和资源调度后，点击【调度完成】按钮，然后通知操作工完成本次货物的移库作业。

步骤三：移库货品下架操作

图3－3－12　移库下架

操作工吕帅根据制定的移库作业计划，从设备暂存区取出堆高车，并且移动到托盘货架区的主通道。找到任务要求移库下架的储位“C00011 - A00108”后，将“电火锅”从储位上进行下架处理作业，如图 3 - 3 - 12 所示。

步骤四：移库货品搬运操作

操作工吕帅拉动堆高车，行至待上架储位“C00011 - A10300”前，如图 3 - 3 - 13 所示：

图 3 - 3 - 13　移库上架

步骤五：移库货品重新上架操作

操作堆高车将货物上架到“C00011 - A10300”储位。

步骤六：移库反馈

待全部移库作业完成后，操作工将移库信息反馈给仓管员小聪，仓管员小聪登录【仓储管理】系统，点击左侧任务栏中的【移库作业】选项，选择【移库反馈】，进入如图 3 - 3 - 14 所示界面：

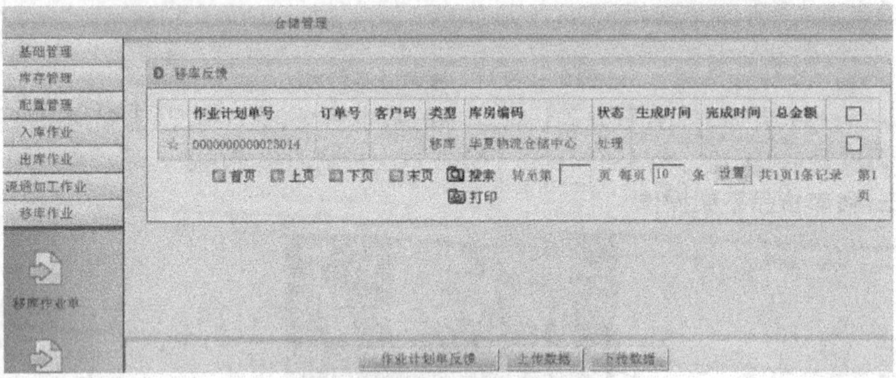

图 3 - 3 - 14　移库反馈

在图 3 - 3 - 14 界面中，勾选需要进行反馈的订单，点击【作业计划单反馈】按钮，进入图 3 - 3 - 15 所示界面：

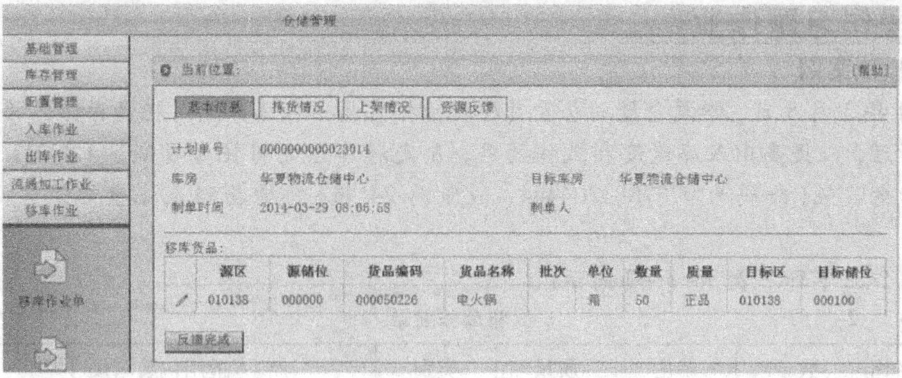

图 3－3－15　反馈完成

在图 3－3－15 所示界面中，查看并确认移库单的基本信息、拣货情况、上架情况和资源调度无误后，点击【反馈完成】按钮，完成整个移库作业操作。

☞ 任务评分

班级			姓名		小组		
任务名称		移库作业					
考核内容		评价标准	参考分值（100）	学生自评	小组互评	教师评价	考核得分
职业素养情况	1	具有较强的责任感	5				
	2	具有良好的观察能力	5				
	3	在任务实施过程中具有创新性，能够提高产品的出入库速度	10				
知识掌握情况	4	掌握移库的定义和作用	15				
	5	熟悉移库的目的	10				
	6	大概了解货物转仓的分类	5				
能力提升情况	7	能够掌握移库作业的基本作业方法	10				
	8	知道移库作业在企业中的应用	10				
	9	能够主动搜集所需信息，进行自主学习	10				
参与活动情况	10	积极参与任务实施	5				
	11	积极参与小组讨论	5				
	12	积极回答老师提问	10				
小计							
合计 ＝ 自评＊20% ＋ 互评＊40% ＋ 教师评＊40%							

☞操作习题作业

一、模拟案例

2014 年 3 月 5 日，华夏仓储的仓管员小聪根据货物出入库频率对托盘存储区的货物进行了优化管理，以提高出入库速度和工作效率。制定移库计划将托盘货架区 C00011 - A00207 的名称为电暖袋（条码为 9787883204444，数量为 24 箱）的货物移至托盘货架区 C00011 - A10302。

移库作业单如下表 3 - 3 - 2 所示：

表 3 - 3 - 2： **移库作业单**

货物名称	数量	单位	质量	类别	适用包装箱尺寸
电暖袋	24	箱	正品	电器	500mm × 400mm × 220mm
客户名称	惠万家超市				
库房名称	华夏物流仓储中心				
源储位	托盘货架区 C00011 - A00207				
目标储位	托盘货架区 C00011 - A10302				
下达时间	2012 年 11 月 22 日 10:30				

移库货物和储位信息如图 3 - 3 - 16 所示：

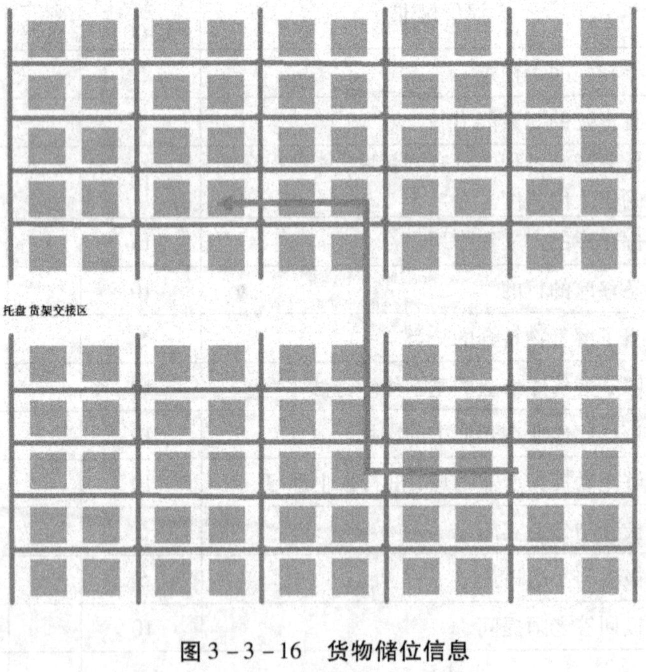

图 3 - 3 - 16　货物储位信息

请按照案例要求，做模拟准备，完成移库作业操作练习。

二、知识考核

(一)单选题

1. 货物的移库作业属于(　　)作业的一种。

A. 配送

B. 入库

C. 在库

D. 出库

2. 根据商品的周转率，进行 ABC 分析，对商品进行储位的移动，以优化库存结构属于移库目的中的(　　)。

A. 优化储位

B. 拼盘作业

C. 加快货物周转

D. 货品所在货位与系统货位不符

(二)多选题

1. 货品移库的原因有(　　)。

A. 优化储位

B. 拼盘作业

C. 加快货物周转

D. 货品所在货位与系统货位不符

2. 在物品移库前，要进行的准备工作包括(　　)。

A. 整理仓库

B. 单据准备

C. 人员组织

D. 设备调配

3. 移库作业的主要目的是(　　)。

A. 优化储位

B. 整理仓库

C. 提高仓储效率

D. 加快货物流转

(三)判断题

1. 移库作业属于出库作业的一种形式。

2. 移库作业不需要制定移库计划，可以直接进行储位货物的移动。

3. 为了提高库内仓储效率，对不满一个托盘的商品进行拼盘作业，以提高储位的仓储效率。

模块四 出库作业 4

货品出库作业，是仓库根据业务部门或存货单位开出的货品出库凭证（提货单、调拨单），按其所列货品名称、规格、型号、数量等项目，组织货品出库一系列工作的总称。货品出库是货品储存阶段的终止，也是仓库作业的最后一个环节，它使仓库工作直接与运输单位和货品使用单位发生联系。因此，做好出库工作对改善仓库经营管理，降低作业成本，提高服务质量具有重要作用。

不同的仓库对于货物出库要求的操作程序不尽相同，操作人员的分工也各不相同，但对于整个发货作业的过程来说，一般都是沿着货物在库内的流向，或出库单的流转而构成各个工种的衔接。货物出库业务的一般流程如图 4 –1 所示：

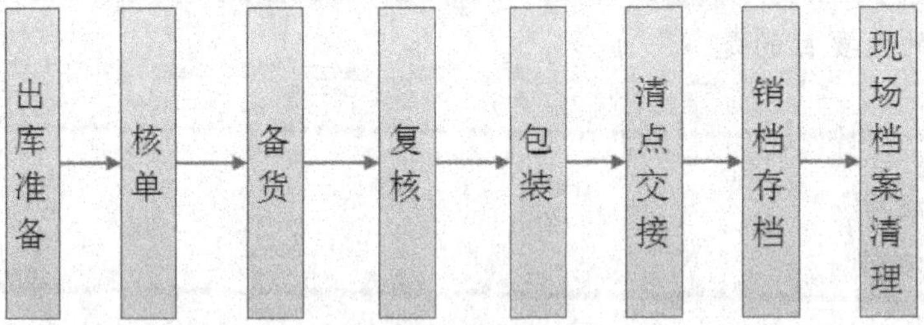

图 4 –1　货物出库一般业务流程

▶学习要点

1. 掌握货品出库的单据信息操作过程；
2. 掌握货品出库凭证核对操作；
3. 掌握货品出库备货作业操作；
4. 掌握货品出库验收操作；
5. 掌握货品出库信息反馈操作；
6. 掌握货品出库仓储管理系统操作；
7. 掌握货品出库过程中的问题处理办法；
8. 了解出库准备作业内容；
9. 了解货品出库流程。

▶案例导入

2014年3月10日上午9:00，华夏物流仓储中心收到惠万家超市以传真形式发来的出库通知，要求于2014年3月10日15:00由提货员刘超来库房提取一批加湿器，根据仓储中心的库存提示，该批货物可以正常提货出库。当接到出库通知后，请模拟仓储中心完成出库准备、出库理货、出库交接等相关出库业务。

任务一　出库准备

出库作业需要细致的、复杂的操作，工作量也相对大，因此应事先做好一些出库的准备工作，例如合理组织出库设备、出库货物的顺序、场地及人员等。出库准备作业的一般流程如图4－1－1所示：

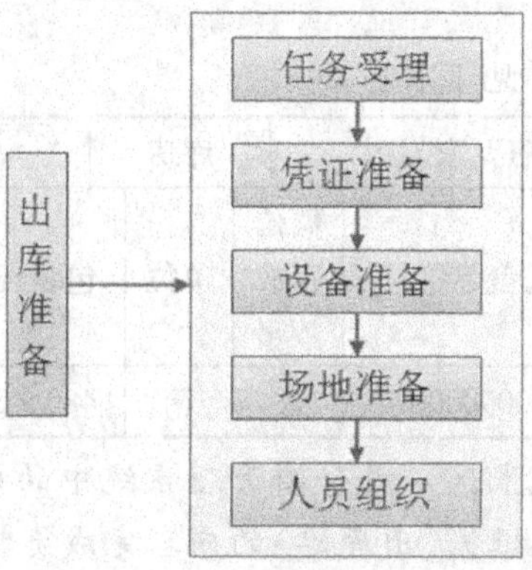

4－1－1　出库准备作业流程图

☞ 任务目的

1. 掌握安排依据出库通知进行的一系列出库准备；
2. 掌握仓储管理系统中订单录入的操作内容；
3. 掌握仓储管理系统中订单录入的操作步骤；
4. 了解第三方物流企业出库作业订单处理的流程。

☞ 任务内容

2014 年 3 月 10 日上午 9:00，惠万家超市以传真的形式通知华夏物流仓储中心，2014 年 3 月 10 日 15:00，惠万家超市的提货员刘超将来库房提货，提货单号为:201403100401；车牌号:桂 BW5908，提取货物为 28 箱加湿器。

出库通知单如下表所示：

出库通知单

仓库名称:华夏物流仓储中心 2014 年 3 月 10 日

<table>
<tr><td colspan="2">客户名称</td><td colspan="6">惠万家超市</td></tr>
<tr><td colspan="2">采购订单号</td><td colspan="6">201403100111</td></tr>
<tr><td colspan="2">客户指令号</td><td colspan="6">201403100221</td></tr>
<tr><td colspan="2">出库时间</td><td colspan="2">2014 - 3 - 10 - 15:00</td><td>质　量</td><td colspan="3">正品</td></tr>
<tr><td colspan="2">出库申请人</td><td colspan="2">李晶晶</td><td>电　话</td><td colspan="3">15507835983</td></tr>
<tr><td colspan="2">出库方式</td><td colspan="2">自提</td><td>出库类型</td><td colspan="3">正常</td></tr>
<tr><td>序号</td><td>货品编号</td><td>名称</td><td>单位</td><td>包装规格(mm)</td><td>申请数量</td><td>实收数量</td><td>备注</td></tr>
<tr><td>1</td><td>6906048714712</td><td>加湿器</td><td>箱</td><td>480 × 320 × 200</td><td>28</td><td></td><td></td></tr>
<tr><td></td><td></td><td></td><td></td><td></td><td></td><td></td><td></td></tr>
<tr><td></td><td></td><td></td><td></td><td></td><td></td><td></td><td></td></tr>
<tr><td colspan="5">合　计</td><td>28</td><td></td><td></td></tr>
</table>

提货员:刘超　　　　**仓管员:**

待出库货品的具体的信息详见下表：

<table>
<tr><td colspan="2">客户名称</td><td>惠万家超市</td><td colspan="2">库房</td><td colspan="3">华夏仓储中心托盘货架区</td></tr>
<tr><td>货品</td><td>条码</td><td>托盘标签</td><td>储位存放数量</td><td>单位</td><td>包装规格(mm)</td><td>产品规格</td><td>储区储位</td></tr>
<tr><td>加湿器</td><td>6906048714712</td><td>8000000000077</td><td>28</td><td>箱</td><td>480 × 320 × 200</td><td>1 × 1</td><td>C00011 - A00201</td></tr>
</table>

根据客户的提货申请，客服张乐完成仓储管理系统中的出库单处理以及出库单的打印，并及时通知仓管员小聪，由小聪根据《出库单》的内容完成货物出库的一系列准备工作。

☞ 任务准备

模拟华夏物流仓储中心，准备的设备有：

仓储管理系统仓储管理系统1套、打印机1台。

☞任务分工

本任务人员岗位分工为：

岗位	岗位职责	主要内容	技能要求与基本素质	对应人员
单证信息员	负责货物出库电子信息的录入与打印； 负责信息报送的准确性、及时性。	接收客户货物出库通知，并审核； 货物出库单的制作、打印； 将准备好的出库凭证准确、及时传达给仓管员。	理解单据的含义与重点、能够独立完成表单的制作； 具有较强的沟通能力，熟悉办公软件的应用。	张乐
仓管员	接收出库凭证； 做好出库准备。	从单证信息员处接收出库相关凭证； 根据凭证信息，做好设备、场地、人力准备。	熟悉货物的存放，合理组织货物出库准备； 具有较强的协调能力、沟通能力。	小聪

☞任务资讯

一、出库准备

出库作业的程序非常复杂，工作量也比较大，因此需要事先对出库作业加以合理组织，安排好作业的人力、物力，确保各个操作环节紧密衔接。

(一)计划工作，根据需货方提出的出库计划或货物要求，事先做好物资出库的组织，包括出库单、货场货位、机械搬运设备、工具和作业人员等的计划与安排，以提高人、财、物的利用率。

(二)完成出库物品的运输包装和标志的标记。出库发运外地的货物，包装需要符合运输部门的相关规定，便于运输搬运人员的搬运装卸。出库货物大多数是按原件分发的，由于经过运输，多次中转装卸、堆码及翻仓倒垛或拆件验收，部分物品的包装不能再符合运输的要求，所以，仓库必须根据情况对货品进行整理加固或改换包装。

(三)处理经常需要拆件、发零的货物，应当事先准备一定数量和不同品种的物品，发货送出后，及时补充，避免临时再拆整取零，延缓付货。拼箱物品一般要做好挑选、分类、整理等准备工作。有的物品可以根据要求事先进行分装。

(四)对于有装箱、拼箱、改装等业务的仓库，在发货前应根据物品的性质和运输部门的要求，准备各种包装材料及相应衬垫物。还要准备刷写包装标志的用具、标签、颜料及钉箱、扩仓的工具用品等。

(五)出库货物从办理托运到出库的付运过程中，需要安排一定的仓库容量或装卸站台等作为理货场所，需要调试必要的装卸机械和工具。提前集中付运的物品，应按物品运输流向分类堆放，以便于运输装卸人员提货发运作业，及时装载物品，加快发货速率。

注意事项

出库作业的基本要求

1. 严格遵守出库作业的规章制度

货物出库的规章制度一般包括以下内容：

(1) 以出库凭证为依据发货；

(2) 货物出库的检验计量方法应与入库检验计量方法一致；

(3) 按照作业流程规范作业等。

2. 做到“三不三核五检查”

“三不”是指没接到出库凭证不翻账册、凭证未经审核不备货、货物未经复核不出库；

“三核”是指在发货时要核实凭证、核对账卡和核对实物；

“五检查”是指要检查出库凭证和货物实物的品名、规格、包装、数量和重量等。

3. 做好发放准备。必须做好发放的各项准备。如化整为零、备好包装、复印资料、组织搬运人力、准备好设备工具等准备工作。

4. 坚持“先进先出、发陈储新”

具体要求如下：

(1) 有保管期限的先出；

(2) 接近失效期的先出；

(3) 保管条件差的先出；

(4) 容易变质的先出；

(5) 包装简易的先出；

(6) 已变质或失效的货物不可出库。

☞任务操作

步骤一：接收出库通知

华夏物流仓储中心客服张乐收到惠万家超市的《出库通知单》，如表4－1－1所示：

出库通知单

表4-1-1

仓库名称：华夏物流仓储中心　　　　2014年03月10日

客户名称		惠万家超市					
采购订单号		201403100111					
客户指令号		201403100221					
出库时间		2014-03-10-15:00		质　量	正品		
出库申请人		李晶晶		电　话	15507835983		
出库方式		自提		出库类型	正常		
序号	货品编号	名称	单位	包装规格（mm）	申请数量	实收数量	备注
1	6906048714712	加湿器	箱	480×320×200	28		
合　计					28		

提货员：刘超　　　　仓管员：

图4－1－2　出库通知单

张乐首先确认客户信息是否属实，再核对《出库通知单》上货物的基本信息，主要包括：客户名称、采购订单号、客户指令号、提货数量、提货质量、货物规格及出库日期等。信息核对无误后，再查询货物库存量是否可以满足本次订单。当所有信息确定无误后，制作出库订单。

步骤二：录入出库订单

首先，信息员张乐登录仓储管理系统，进入选项【订单管理】→【订单录入】，点击【新增】按钮后，进入图 4－1－2 所示界面：

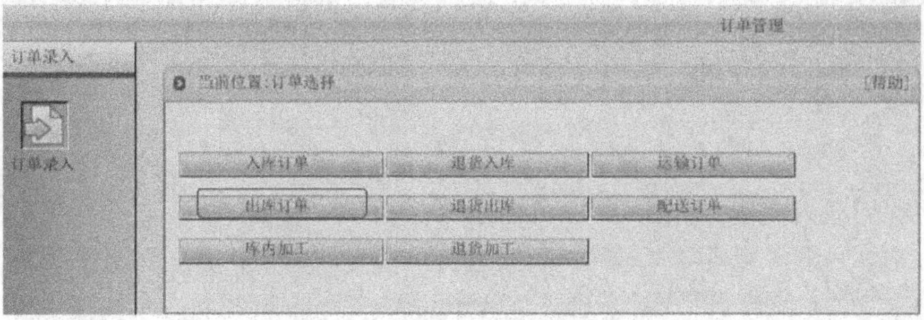

图 4－1－2　订单录入选择界面

在图 4－1－2 所示界面中，点击【出库订单】选项，进入到出库订单录入界面，如图 4－1－3 所示：

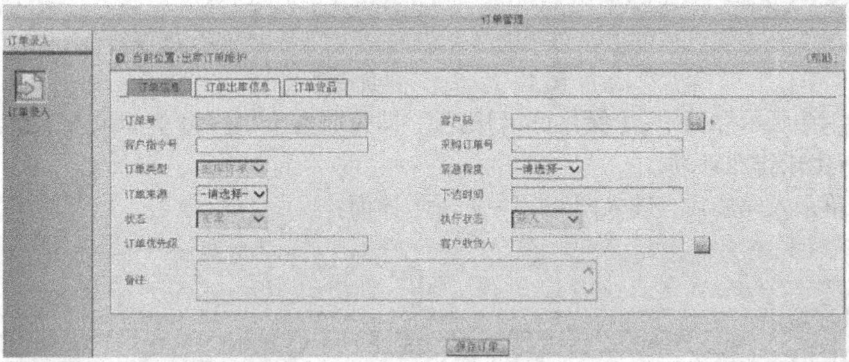

图 4－1－3　出库订单录入界面

在图 4－1－3 所示界面中，客服员张乐根据《出库通知单》的内容依次完成【订单信息】、【订单出库信息】和【订单货品】的录入。【订单信息】录入完毕后，如图 4－1－4 所示：

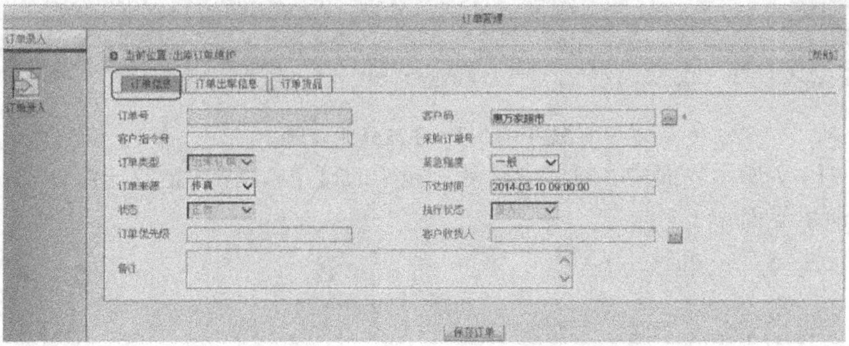

图 4－1－4　订单信息录入

【订单出库信息】录入完毕，如图 4－1－5 所示：

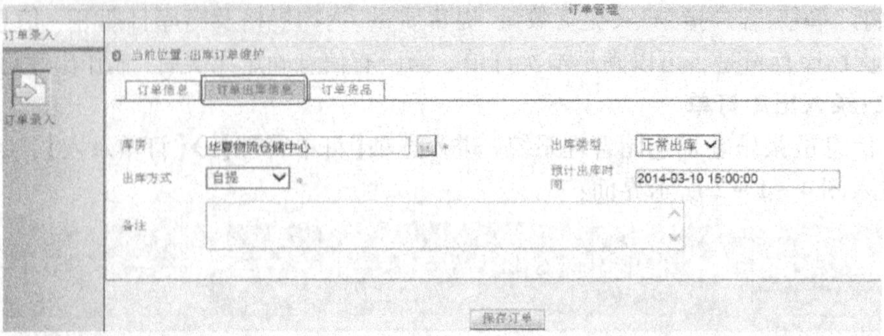

图 4－1－5　订单出库信息录入

【订单货品】录入完毕，如图 4－1－6 所示：

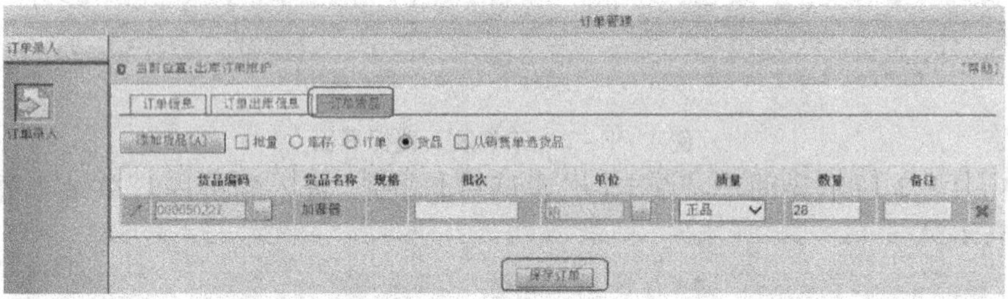

图 4－1－6　订单货品录入

点击图 4－1－6 所示界面中，【保存订单】选项，即完成整个出库订单的录入工作。

步骤三：生成作业计划

出库订单录入完毕后，进入图 4－1－7 所示界面：

图 4－1－7　生成作业计划

在图 4－1－7 所示界面中，勾选中已录入完毕的订单，点击【生成作业计划】选项，进入图 4－1－8 所示界面：

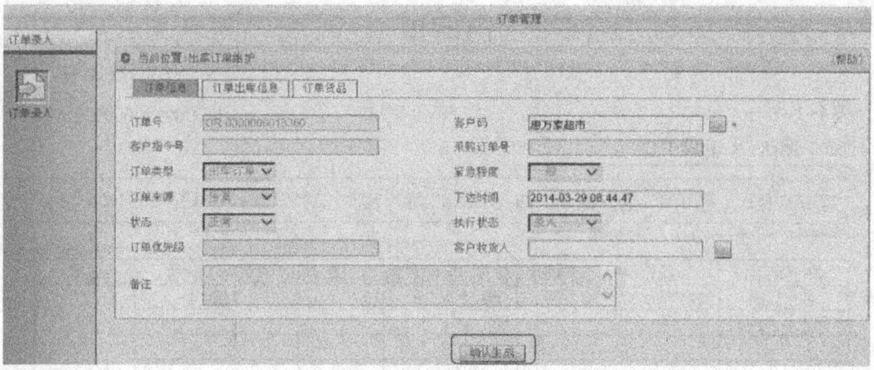

图4-1-8　确认生成

点击图4-1-8所示界面中，【确认生成】选项，完成出库订单的生成计划工作，其通过系统将该任务下发到仓储部门，然后进行相应的出库准备工作。

步骤四：打印出库单

仓管员小聪登录到仓储管理系统中的【仓储管理】→【出库作业】→【出库预处理】界面，如图4-1-9所示界面：

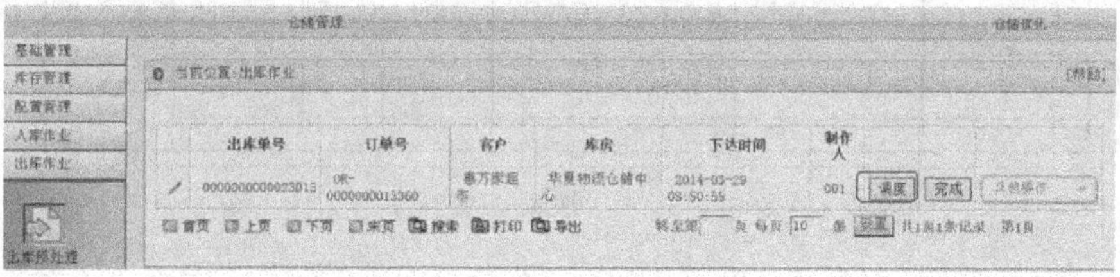

图4-1-9　出库预处理

在图4-1-9所示界面中，点击【调度】选项，进入到图4-1-10所示界面：

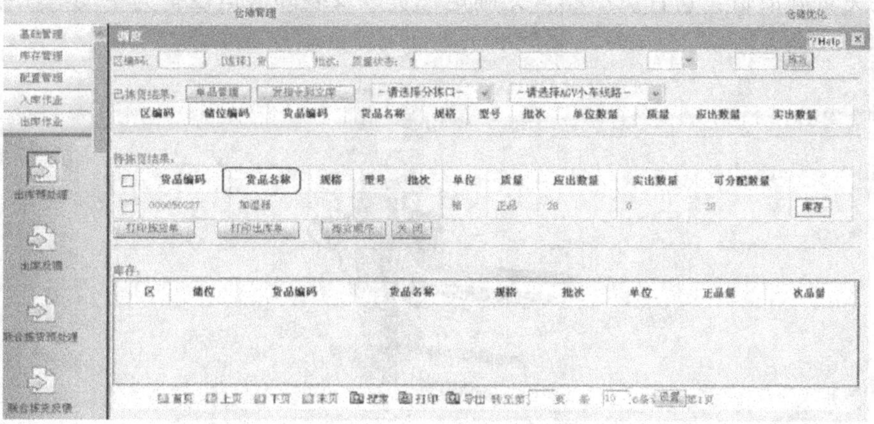

图4-1-10　选择打印任务

在图4-1-10所示界面中，勾选中任务后点击【打印出库单】选项，打印纸质的出库单据。打印完成的纸质版出库单如表4-1-2所示：

出库单

作业计划单号

表4-1-2　　　　　　0000000000023125

2001 配送中心仓储中心　　应收总数：28.0 实收总数：

客户名称：　惠万家　客户编号：WM0100646　客户指令：110121004　日期：2014-03-14

产品名称	条形码	规格	单位	应收数量	实收数量	货位号	批号	备注
加湿器	9787799912707		箱	28			2014-3-14	

仓管员（签字）：____　　送货人（签字）：____

步骤五：合理组织物力

仓管员小聪根据上一步骤的《出库单》上的相关信息和提货时间，合理组织人力、物力、调动设备，避免资源浪费。仓管员小聪首先确定拣货以及装卸搬运设备为手动液压搬运车，如图4－1－12所示：

图4－1－12　手动液压搬运车

☞ 任务评分

班级		姓名		小组				
任务名称		出库准备						
考核内容		评价标准	参考分值（100）	学生自评	小组互评	教师评价	考核得分	
职业素养情况	1	具有较强的人员组织能力	5					
	2	具有团队合作和吃苦耐劳的精神，以面对工作量大的出库工作	5					
	3	在任务实施过程中要有控制全局的领导力	10					
知识掌握情况	4	掌握出库要做好哪些准备	15					
	5	熟悉出库作业的基本要求	15					
能力提升情况	6	能够根据出库通知进行出库准备，包括凭证、设备、场地、人员的准备工作	10					
	7	掌握仓储管理系统中订单录入的操作内容和操作步骤，了解第三方物流企业出库订单处理的流程	10					
	8	能够主动搜集所需信息，进行自主学习	10					
参与活动情况	9	积极参与任务实施	5					
	10	积极参与小组讨论	5					
	11	积极回答老师提问	10					
小计								
合计 ＝ 自评＊20% ＋ 互评＊40% ＋ 教师评＊40%								

☞操作习题作业

一、模拟案例

2014年3月12日上午9:30，惠万家超市以电话的形式通知华夏物流仓储中心，2014年3月12日14:00，惠万家超市的提货员刘超将会来库房提货，提货单号为:201403120421；车牌号:桂BW5911，提取货物为15箱微波炉。

出库通知单如下表所示：

出库通知单

仓库名称:华夏物流仓储中心　　　　2014年3月12日

客户名称	惠万家超市		
采购订单号	201403120111		
客户指令号	201403120221		
出库时间	2014－3－12－14:00	质　量	正品
出库申请人	李晶晶	电　话	13277882952

续表

出库方式		自提		出库类型	正常		
序号	货品编号	名称	单位	包装规格(mm)	申请数量	实收数量	备注
1	6903760487888	微波炉	箱	570×380×390	15		
合 计					15		

提货员:刘超　　　　　　　　　　仓管员:

待出库货品的具体的信息详见下表:

客户名称		惠万家超市		库房	华夏仓储中心托盘货架区		
货品	条码	托盘标签	储位存放数量	单位	包装规格(mm)	产品规格	储区储位
微波炉	6903760487888	8000000000088	15	箱	570×380×390	1×1	C00011-A00302

客服员张乐根据客户的提货申请来处理仓储管理系统中的出库单及打印,并及时通知仓管员小聪,由仓管员小聪根据《出库单》内容完成货物的出库准备工作。

请按照案例要求,做模拟准备,完成出库准备操作练习。

二、知识考核

(一)单选题

1. 以下不属于物品出库"三不"的是(　　)。

A. 未经验收不出库

B. 未接单据不翻账

C. 未经审单不备货

D. 未经复核不出库

2. 出库发运外地的货物,(　　)要符合运输部门的规定,便于搬运装卸。

A. 凭证

B. 规格

C. 包装

D. 标签

(二)多选题

1. 出库的准备工作主要有(　　)。

A. 事先做好物资出库的安排

B. 做好出库物品的运输包装和标志标记

C. 准备各种包装材料及相应衬垫物

D. 安排好作业人力

2. 以下属于出库作业的基本要求的是(　　)。

A. 凭证发货

B. 坚持先进先出原则

C. 做好发放准备

D. 及时记账

（三）判断题

1. 物品出库要做到“三核”即在发货时，要核对凭证、核对账卡、核对实物。

2. 由于出库作业非常复杂，工作量大，因此要事先对出库作业加以合理组织，安排好作业人力，保证各个环节紧密衔接。

（四）填空题

1. 物品出库要做到（　　）、（　　）、（　　）。

2. 在保证物资使用价值不变的前提下，坚持（　　）原则进行出库作业。

任务二　出库理货

出库理货是出库作业中重要的一部分，是仓库根据业务部门开出的货物出库凭证，按其所列货物名称、规格、数量、出库时间和地点等项目，组织货物的备货、复核等一系列工作的总称。出库理货作业的一般流程如图 4－2－1 所示：

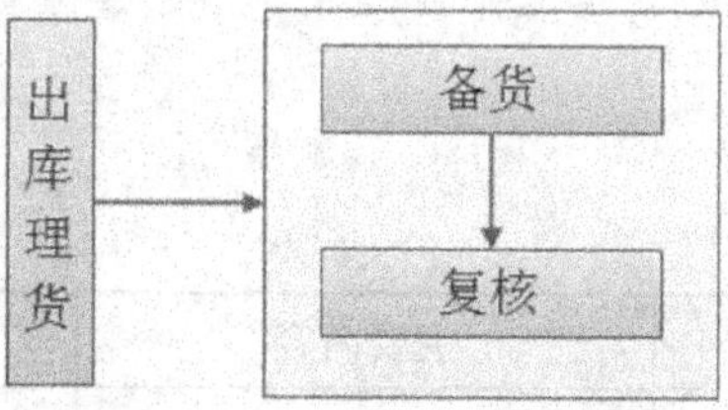

图 4－2－1　出库理货作业流程图

☞ 任务目的

1. 能够正确选择装卸搬运设备及工具；
2. 能够正确定位找到目标货物储位；
3. 能够利用手持终端设备进行出库理货处理；
4. 能够独立完成出库下架作业。

☞ 任务内容

2014 年 3 月 14 日上午 10:00，华夏物流仓储中心的仓管员小聪接到业务部门发来的《出库单》，见表 4－2－1 所示。仓管员小聪需要根据手持终端上的任务目录及出库单的内容来完成货物的出库备货及复核等相关作业。

出库单

表4-2-1　　　　作业计划单号

0000000000023125

2001 配送中心;**仓储中心**　　应收总数：28.0 实收总数：

客户名称：　惠万家　客户编号：WM0100646　客户指令:110121004　日期：2014-03-14

产品名称	条形码	规格	单位	应收数量	实收数量	货位号	批号	备注
加湿器	9787799912707		箱	28			2014-3-14	

仓管员（签字）：____　送货人（签字）：____

☞ 任务准备

模拟华夏物流仓储中心，准备的设备有：

托盘货架区（目标储位C00011－A00201）、手持终端1台、模拟货品1托28箱（货品规格：480×320×200）、手动液压搬运车1台、手动液压堆高车1台。

☞ 任务分工

本任务人员岗位分工为：

岗位	岗位职责	主要内容	技能要求与基本素质	对应人员
仓管员	通过手持终端读取货物搬运信息； 根据搬运信息完成货物的搬运； 完成货物出库复核作业。	利用手持终端扫描托盘标签信息，读取货物的搬运信息； 根据搬运信息选择合适的搬运设备完成货物的搬运工作，并确认搬运； 在出库暂存区完成货物出库的复核作业。	熟悉掌握装卸搬运设备的使用； 能够熟练掌握手持终端的使用； 有合作意识。	小聪
操作工	通过手持终端读取货物下架信息； 根据下架信息完成货物的下架。	登陆手持终端，读取货物的下架储位信息； 找到目标储位，利用搬运工具完成货物的下架操作； 将货物搬运到托盘货架交接区完成下架作业。	熟悉掌握装卸搬运设备的使用； 能够熟练掌握手持终端的使用； 有合作意识。	吕帅

☞任务资讯

一、备货及理货

仓库接到提货通知时，仓库保管员应及时进行备货工作，以保证提货人可以按时完整地提取货物。在部分货物出库操作时，仓库保管员应按照先进先出、易坏先出、不利保管先出的原则安排出货。

备货工作主要包括以下几项：

1. 信息核对。根据出库要求，对单货进行核对，核对时必须做到逐批进行，以确保单货数量、货品、去向完全相符。

2. 包装整理、标志重刷。包装是为了使货物在运输途中不受损坏。货物包装一般需要符合以下要求：

（一）根据货物的外形特点，选择适宜的包装材料，包装尺寸要便于货品的装卸和搬运；

（二）要符合货物运输要求。

3. 转到出库暂存区待运。

二、全面复核查对

为了避免和防止出库货物出现错误，货物备好后应进行复核。复核可由专人复核，也可由仓库保管员复核，也可以设专职出库货物复核员进行复核或由其他人员复核等。

复核的信息内容包括货物名称、规格、型号、批次、数量、出库时间等项目是否同出库凭证所列的信息内容一致，机械设备等配件是否齐全，所附证件是否齐备，货物外观质量、包装是否完好等。

如经反复核对确实不符时，应立即调换，并将原错备货物退回库房。复核结余货物数量或重量是否与保管账目、货物保管卡结余数量或重量相符，发现不符时应立即查明原因，及时更正。复核人员复核无误后，应在提货单上签名，以示负责。

注意事项

核单

货物的出库凭证应为出库单或调拨单，应由主管分配的业务部门签章。出库凭证应包括以下内容：收货单位名称；发料方式；物资名称、规格、数量、单价、总价、用途或调拨原因；调拨单编号；有关部门和人员签章；付款方式及银行账号。

仓库接到出库凭证后，由业务部门审核证件上的印签是否齐全相符，有无涂改。审核无误后，按照出库单证上所列的物资品名规格、数量与仓库料账再做全面核对。核对无误后，在料账上填写预拨数后，将出库凭证移交给仓库保管员。保管员复核料卡无误后，即可做货物出库的准备工作。凡在证件核对中，货物名称、规格型号不对，印签不齐全、数量有涂改、手续不符合要求的，均不能发料出库。

☞任务操作

步骤一：出库理货启动

首先，仓管员小聪登录手持终端，选择华夏物流仓储中心登录手持系统，如图 4－2－2 所示：

图 4－2－2　登录手持终端系统

仓管员小聪登录手持终端后，进入到应用操作主功能界面，如图 4－2－3 所示：

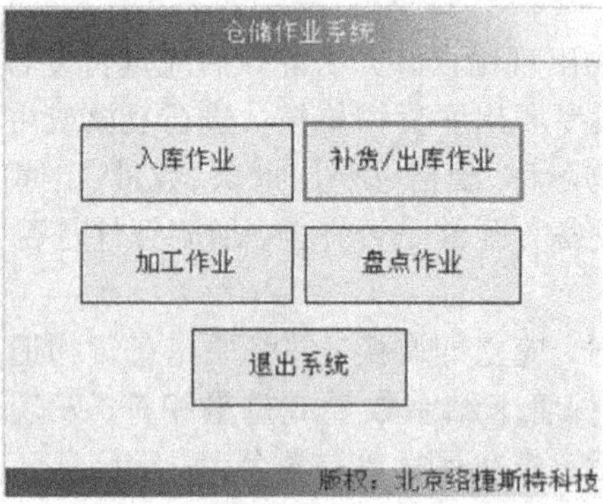

图 4－2－3　手持终端主功能界面

在图 4－2－3 所示界面中，点击【补货/出库作业】选项，进入图 4－2－4 所示界面：

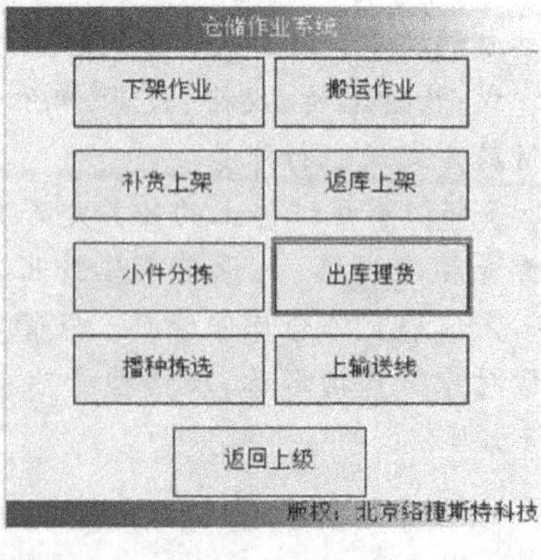

图 4－2－4　补货作业和出库作业界面

在图 4－2－4 所示界面中，点击【出库理货】选项，进入图 4－2－5 所示界面。点击【开始】选项，启动出库理货作业程序。

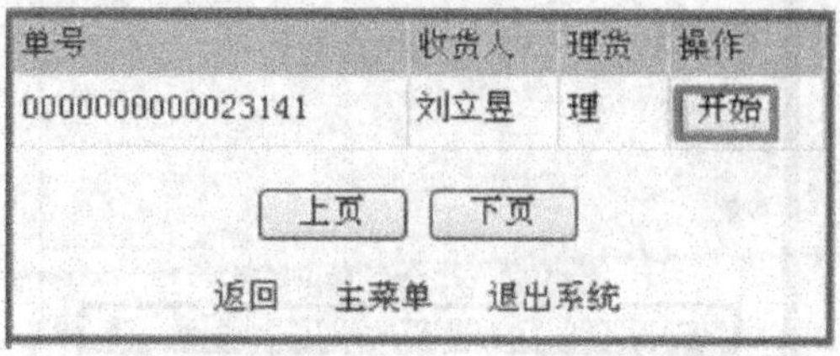

图 4－2－5　出库理货开始

点击开始后，按钮会变成【完成】，如图 4－2－6 所示，则表示出库理货作业启动，可以进行出库货物的下架作业。

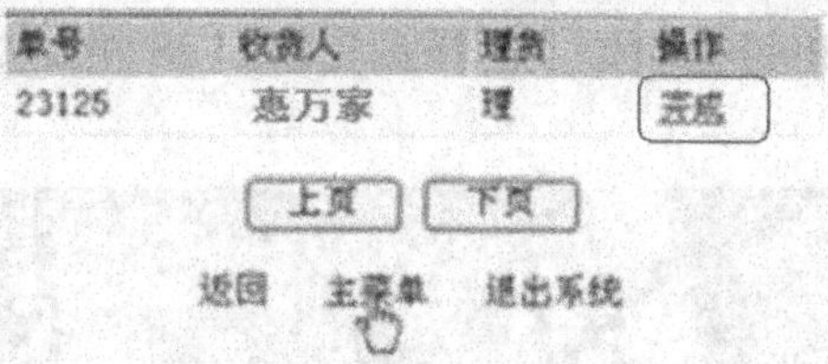

图 4－2－6　出库理货

步骤二：读取下架信息

操作工吕帅登录手持终端，进入【补货/出库作业】界面，如图 4－2－7 所示：

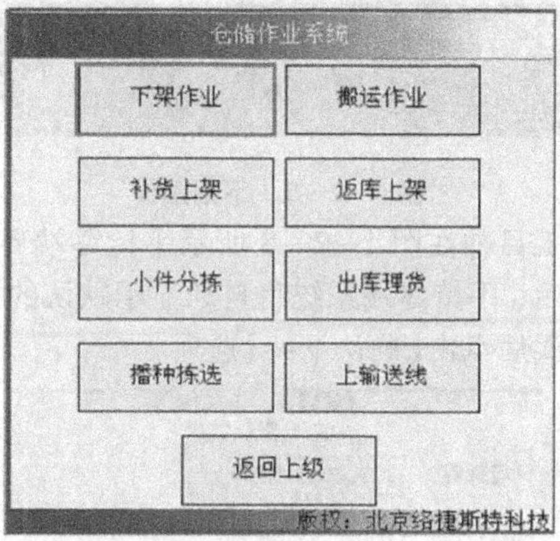

图 4－2－7　补货作业和出库作业界面

在图 4－2－7 所示界面中，点击【下架作业】选项，进入图 4－2－8 所示界面。手持终端下方显示待下架的货物名称、数量、存放储位和托盘标签信息。

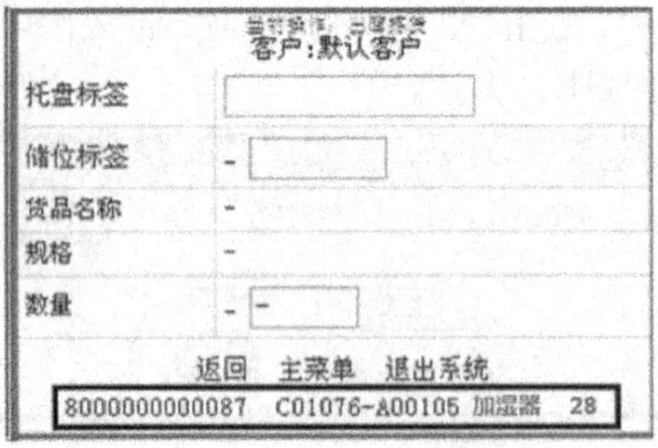

图 4-2-8 出库货品信息

步骤三:下架操作

通过手动液压堆高车，将目标储位上的托盘货物即 28 箱加湿器进行下架操作，如图 4-2-9 所示:

图 4-2-9 下架操作

下架作业完成后，操作工吕帅在图 4-2-8 所示手持终端界面中，采集托盘标签和储位标签的信息，信息采集成功后，手持终端系统将自动显示默认的拣货数量，如图 4-2-10 所示，确认下架的货物数量无误后点击【确认下架】选项。

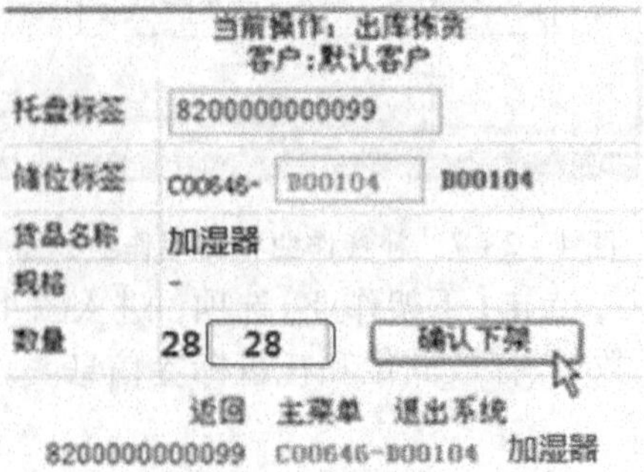

图 4-2-10 确认下架

操作工吕帅将下架完成的货物托盘放至托盘货架交接区，交由仓管员完成接下来的货物的搬运及复核作业。

步骤四：读取搬运信息

仓管员小聪进入手持终端主功能界面，点击【补货/出库作业】选项，进入图4－2－11所示界面：

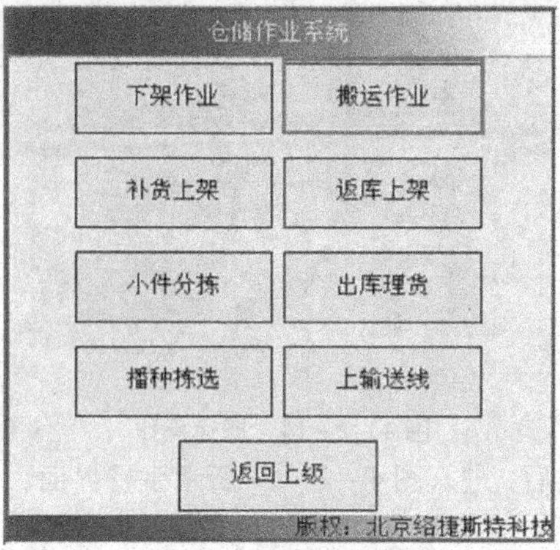

图4－2－11　补货/出库作业界面

在图4－2－11所示界面中，点击【搬运作业】选项，进入图4－2－12所示界面。手持终端下方提示需要搬运的货物信息。

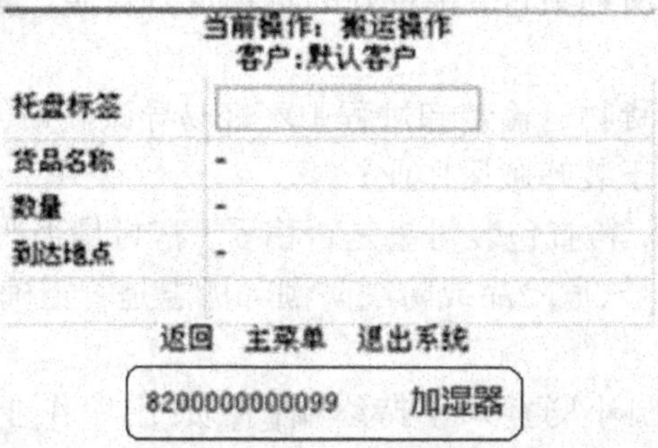

图4－2－12　搬运操作界面

通过手持终端，仓管员小聪采集托盘标签信息，信息采集成功后，手持终端系统自动提示待搬运的货品名称、货品数量和到达地点信息，如图4－2－13所示：

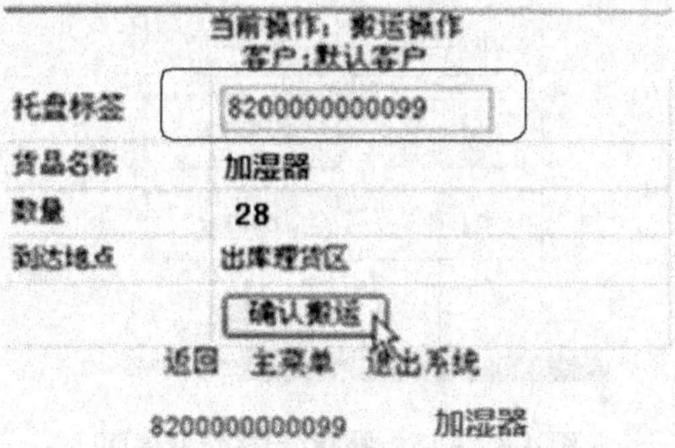

图4－2－13　采集托盘标签信息并确认

步骤五：搬运操作

通过手动液压搬运车，仓管员小聪将一托盘加湿器从托盘货架交接区搬运至手持终端显示需要到达的目标地点“出库理货区”，如图4－2－14所示：

图4－2－14　搬运操作

将货物搬运至目标地点后，进入图4－2－13所示手持界面，点击【确认搬运】选项，整个货物的搬运作业完成。

步骤六：出库复核

货物备好后，为了避免和防止出货过程中可能出现的差错，仓管员小聪对已备货完毕的货物进行了全面的复核查对。核查的具体内容包括：

1. 依据正式的出库凭证所列项目，跟备好的货物进行对照，逐项检查其是否与出库凭证所列项目完全相符；

2. 确保现有包装能够在货物运输装卸过程中不轻易导致破损，保证货物完整性；

3. 确保现有包装是否便于装卸搬运作业；

4. 加湿器属于怕震物资，检查包装衬垫是否稳妥，密封是否严密；

5. 收货人、到站地点、箱号、危险品或防震防潮等标志是否正确、明显。

步骤七：出库理货确认

货物复核完毕后，仓管员小聪登录手持终端【补货/出库作业】界面，如图4－2－15所示：

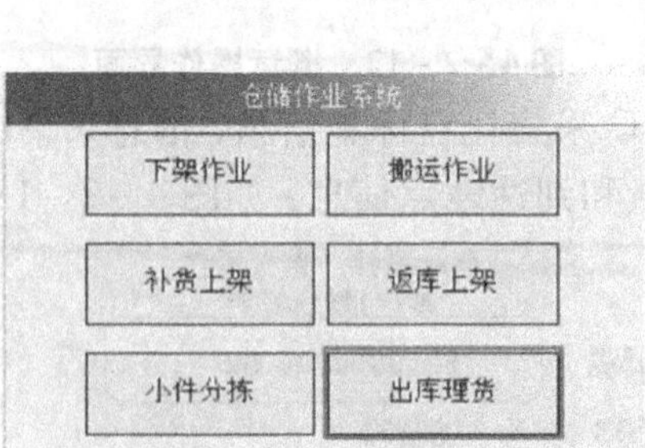

图4－2－15　补货/出库作业界面

在图4－2－15所示界面中，点击【出库理货】选项，进入图4－2－16所示界面：

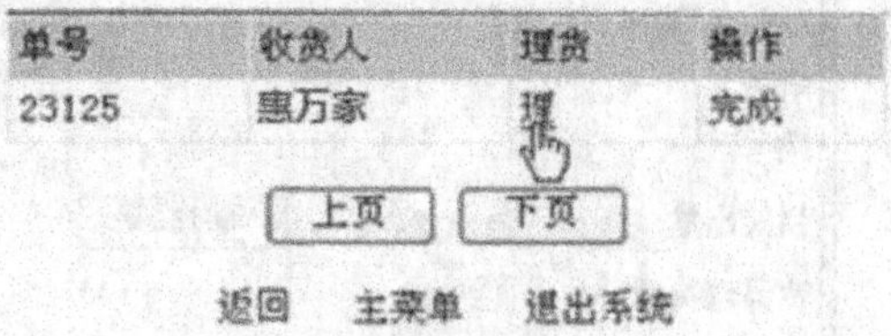

图4－2－16　理货

在图4－2－16所示界面中，点击【理】选项，进入图4－2－17所示界面：

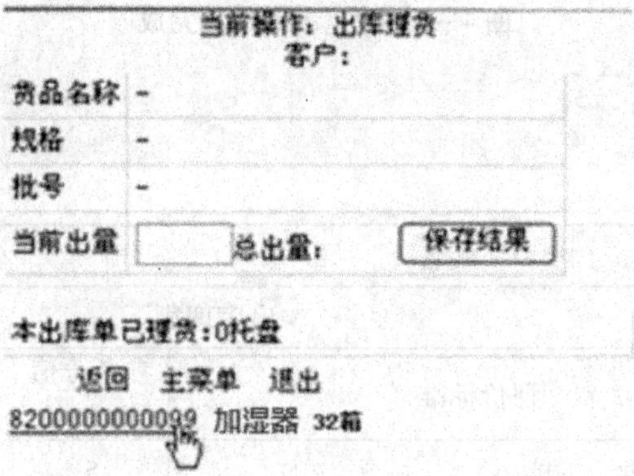

图4－2－17　出库理货

在图4－2－17所示界面中，点击选择待理货物的托盘标签号，手持终端系统会自动显示默认的理货数量，如图4－2－18所示：

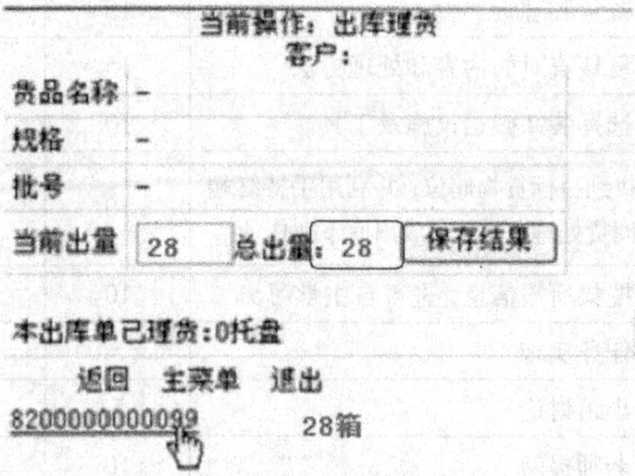

图4－2－18　理货确认

在图4－2－18所示界面中，仓管员小聪确认理货数量正确无误后，点击【保存结果】选项，进入图4－2－19所示界面：

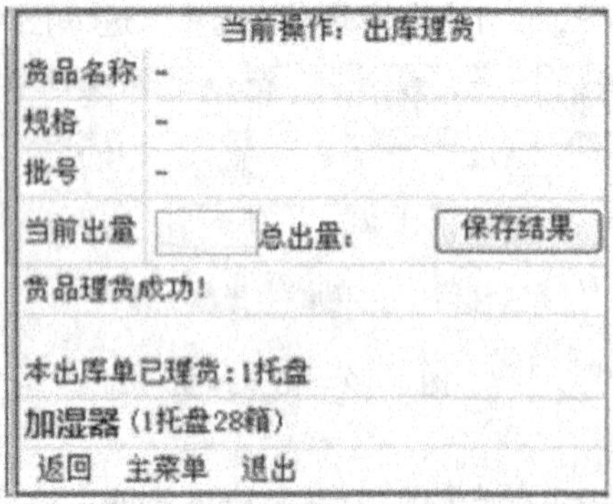

图 4－2－19　出库理货完成

☞ 任务评分

班级			姓名		小组		
任务名称		出库理货					
考核内容		评价标准	参考分值（100）	学生自评	小组互评	教师评价	考核得分
职业素养情况	1	具有自主学习的能力	5				
	2	具有良好的沟通能力	5				
	3	在任务实施过程中具有足够的耐心和细心，对出库单上所列的物品的属性进行全面的核对	10				
知识掌握情况	4	掌握如何备货和理货	15				
	5	熟悉全面复核查对的内容和处理方法	15				
能力提升情况	6	能够正确选择装卸搬运设施及工具	10				
	7	能够正确找到目标货物储位，并利用手持终端进行出库理货处理，独立完成出库下架作业	10				
	8	能够主动搜集所需信息，进行自主学习	10				
参与活动情况	9	积极参与任务实施	5				
	10	积极参与小组讨论	5				
	11	积极回答老师提问	10				
小计							
合计 = 自评＊20% + 互评＊40% + 教师评＊40%							

☞操作习题作业

一、模拟案例

2014 年 3 月 14 日上午 10:30，华夏物流仓储中心的仓管员小聪接到业务部门发来的《出库单》，如表 4-2-2 所示。仓管员小聪需要根据手持终端上的任务项目以及出库单的内容完成货物的出库备货及复核等相关作业。

出库单

表4-2-2　　　　作业计划单号

0000000000023125

2001 配送中心　**华夏物流仓储中心**　　应收总数：15.0 实收总数：

客户名称：　惠万家　客户编号：WM0100646　客户指令：110121004　日期：2014-03-14

产品名称	条形码	规格	单位	应收数量	实收数量	货位号	批号	备注
微波炉	9787799912707		箱	15			2014-3-14	

仓管员（签字）：______　　送货人（签字）：______

请按照案例要求，做模拟准备，完成出库理货操作练习。

二、知识考核

（一）单选题

1.（　　）是为了使货物在运输途中不受损坏。

A. 整理

B. 包装

C. 刷标签

D. 贴标签

2. 为了避免和防止出库货物出错，货物备好后应进行（　　）。

A. 整理

B. 包装

C. 复核

D. 贴标签

(二)多选题

1. 出库备货工作主要包括(　　)项。

A. 核对

B. 包装整理

C. 标志重刷

D. 转到出库暂存区待运

2. 在部分货物出库时，应按照(　　)的原则安排出货。

A. 先进先出

B. 易坏先出

C. 不利保管先出

D. 随即形式先出

(三)判断题

1. 仓库接到出库凭证后，由财务部门审核证件上的印签是否齐全相符，有无涂改。

2. 凡在证件核对中，货物名称、规格型号不对，印签不齐全、数量有涂改、手续不符合要求的，均不能发料出库。

3. 出库作业中的复核只能由专人复核。

(四)填空题

货物包装一般需要符合(　　)、(　　)。

任务三　出库交接

备货出库货物需要经过全面复核无误后，方可办理出库交接。出库交接作业的一般流程如图 4－3－1 所示：

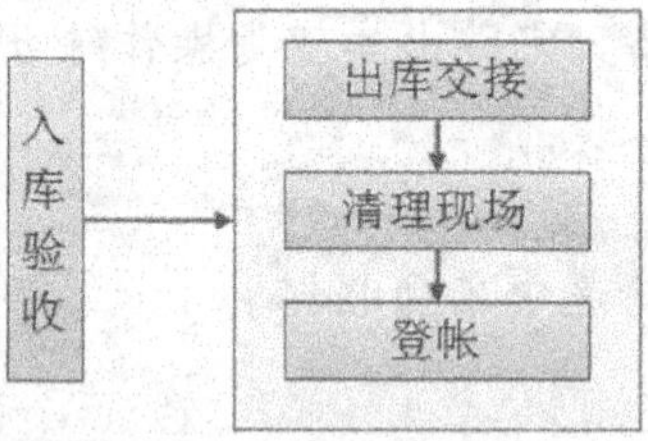

图 4－3－1　出库交接作业流程图

☞ 任务目的

1. 能够掌握出库交接中单据内容的核对；

2. 能够掌握货物交接验收的具体方法、作业内容和异常情况的处理办法；

3. 能够独立完成出库交接以及出库单据的确认与签收。

☞ 任务内容

2014 年 3 月 14 日 15:00，客户惠万家超市的提货员刘超来到华夏物流仓储中心提货，《提货单》如表 4－3－1 所示。华夏物流仓储中心已于 2014 年 3 月 14 日 14:00 前完成了该批货物的出库作业，放置在发货理货区，《出库单》如表 4－3－2 所示。仓管员小聪需要与提货员刘超共同完成货物的出库交接等相关工作。

表 4－3－1　　提货单

提货单位：惠万家超市

提货地址：华夏物流仓储中心

提货日期：2014 年 3 月 14 日 15:00　　**提单编号：**201403140401

货品名称	规格(mm)	质量	包装	单位	应发数量	实发数量	备注
加湿器	480×320×200	正品	纸箱	箱	28		

提货人(签字)：刘超　　发货人(签字)：

出库单

表4-3-2　　作业计划单号 0000000000023125

2001 配送中心　**华夏物流仓储中心**　　应收总数：28.0　实收总数：

客户名称：　惠万家　客户编号：WM0100646　客户指令：110121004　日期：2014-03-14

产品名称	条形码	规格	单位	应收数量	实收数量	货位号	批号	备注
加湿器	9787799912707		箱	28			2014-3-14	

仓管员（签字）：＿＿＿　　送货人（签字）：＿＿＿

☞ 任务准备

模拟华夏物流仓储中心，准备的货物和单据有：

模拟货品1托28箱（货品规格：480mm×320mm×200mm）、出库单1份、提货单1份。

☞ 任务分工

本任务人员岗位分工为：

岗位	岗位职责	主要内容	技能要求与基本素质	对应人员
仓管员	完成出库单、提货单的签单； 异常情况处理。	与提货员一起完成货物的检查； 根据需要在相关出库单、提货单上签字确认； 处理出库异常情况； 清理出库现场。	了解各种单据功能，并正确填写相关单据；掌握常见的出库问题处理方法； 有沟通能力、协调能力。	小聪
提货员	提取相关货物，并签单。	检查出库货品； 要求仓管员在提货单上签字确认。	了解出库货品特性，正确完成货品出库检查； 了解相关单据填写要求； 有沟通能力。	刘超

☞ 任务资讯

一、清点交接

备货出库货品需要经过全面复核无误后，方可办理清点交接手续。假如客户是以自提方式来进行交接，则将货物和证件向提货人当面点清，办理交接手续。假如客户是以代运方式来进行交接，则应办理内部交接手续，即由货物保管人员向运输人员或包装部门人员进行点清交接，由接收人签章，以划清责任。

运输人员应当根据货品性质、重量、包装及收货人地址和其他情况选择运输方式后，将箱件清点，做好标记，整理好发货凭证、装箱单等运输资料，向承运单位办理委托代运手续。对于超高、超长、超宽和超重的货物，必须在委托前说明，以便承运部门计划安排运输方式。

二、销账存档

待货物全部出库完毕后，仓库内部应及时将货物从仓储保管账上核销，以便仓库内账货相符。将留存的提货凭证、货物单证、记录、文件等单据归入货物档案。将已空出的货位标注在货位图上，以便安排货物。

三、现场和档案的清理

货品出库后，货垛会被拆开，货位会被打乱，有的现场还会留有垃圾、杂物等。保管员应根据储存规划要求，该并垛的并垛，该挪位的挪位，并及时清扫发货现场，保持场地清洁整齐，腾出新的货位和库房，以备新的入库货品使用；并清理检查发货的设备和工具有无丢失、损坏等。同时，一批货品发完后，要收集整理该货品的出入库信息、保管保养信息及盈亏数据等信息，然后存入货品档案，妥善保管，以备查用。

注意事项

货品在出库的过程中可能会出现一些问题和失误，正确处理这些问题可同时挽回企业和客户的损失。针对各种不同的问题应该采取不同的方法进行处理。

1. 货品品种混串

货品出库后，客户反映的品种规格混串，数量不符等问题。如确属保管员发货差错，应予以纠错兑换并致歉；如不属保管员差错，应耐心地、清楚地向客户解释，请客户另行查找原因。

2. 货品型号规格开错

凡属客户原因，型号规格开错，制票员同意退票的情况下，保管员应按入库验收程序标准重新验收入库。如果包装和产品都已损坏，保管员不予退货处理；待修好后，按入库质量要求重新入库。

3. 货品内在质量问题

凡属货品内在质量问题，客户要求退货和换货的，应由国家指定的质检部门出具相关检查证明，试验记录，经货品主管部门同意，可以进入退货或换货程序。

4. 易碎货品发货后，客户要求调换

凡属易碎货品，发货后客户要求调换、退货的，应以礼相待婉言谢绝。如果要求帮助解决易碎配件，要协助联系，寻找解决办法。

5. 保管员发现账实不符

货品出库后，若保管员发现账实不符，要派专人及时查找追回货物。以减少损失，不可久拖不解决处理。

☞任务操作

步骤一：核查货物

提货员刘超到达华夏物流仓储中心后，根据提货单核查货物，核查时仓管员小聪需要在一旁监察。提货员刘超主要核对货物名称、数量是否正确，检查外包装是否完好等项目。经核查，出库货物与提货单及出库单所标记的数量等信息一致，均为正品。

步骤二：填写单据

货物核查完成后，仓管员小聪根据实际出库情况，准确填写出库单实发数量并签字，然后与提货员交接，要求提货员在出库单相应位置签字确认。签字确认的出库单如表 4－3－3 所示界面：

出库单

表4-3-3

作业计划单号

0000000000023125

2001 配送中心 **华夏物流仓储中心** 应收总数：28.0 实收总数：

客户名称： 惠万家 客户编号：WM0100646 客户指令：110121004 日期：2014-03-1

产品名称	条形码	规格	单位	应收数量	实收数量	货位号	批号	备注
加湿器	9787799912707		箱	28			2014-3-14	

仓管员（签字）： 送货人（签字）：

同时，仓管员按照提货员的要求在提货单相应位置填写实际发货数量，核对信息无误后，双方同时签字确认。签字确认后的提货单如表4－3－4所示：

表4-3-4

提货单

提货单位：惠万家超市

提货地址：华夏物流仓储中心

提货日期：2014年03月14日15:00 提单编号：201403150401

货品名称	规格（MM）	质量	包装	单位	应发数量	实发数量	备注
加湿器	480×320×200	正品	纸箱	箱	32	32	

提货人（签字）：刘超 发货人（签字）：[redacted]

步骤三：出库异常处理

出库作业过程中，会遇到一些异常情况，比如出库凭证超过提货期限、出库凭证有疑点、提货数与结存数不符等情况。当出现上述情况时，华夏物流仓储中心的仓管员小聪必须如实填制货物异常报告单，如表4－3－5所示：

表 4－3－5　　　　货物异常报告单

作业号:　　　　　　　　　　　　　　　　日期:

货物编码	货物名称	规格	数量	异常情况

收货人:　　　　　　　　　　检验人:

步骤四:出库现场清理

出库作业完成后，仓管员小聪应该及时整理出库单据，核对结存数，做到单货相符、单单相符，做好单据和货物的衔接工作，同时清理现场，收集苫垫材料、妥善保管，以待再用;清洁现场，保持清洁整齐，将出库使用到的装卸搬运工具、存储设备、包装工具和材料放置原规划区域内。

步骤五:出库完成确认

出库作业完成后，仓管员小聪需要登录到手持终端【补货/出库作业】界面，如图 4－3－2 所示:

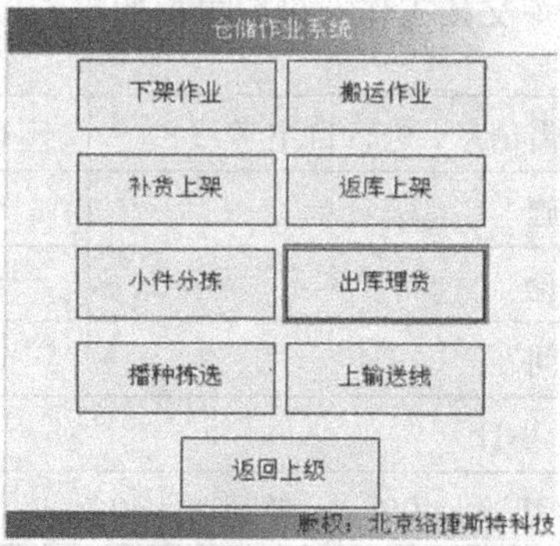

图 4－3－2　补货/出库作业界面

在图 4－3－2 所示界面中，点击【出库理货】选项，进入图 4－3－3 所示:

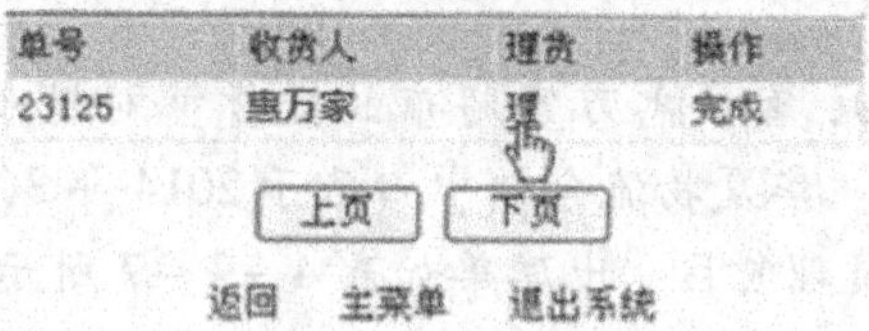

图 4－3－3　理货

在图 4－3－3 所示界面中，点击【完成】选项，完成本次出库作业在仓储系统中的反馈工作。

☞ 任务评分

<table>
<tr><td>班级</td><td colspan="2"></td><td>姓名</td><td colspan="2"></td><td colspan="2">小组</td><td></td></tr>
<tr><td>任务名称</td><td colspan="8">出库交接</td></tr>
<tr><td>考核内容</td><td colspan="2">评价标准</td><td>参考分值（100）</td><td>学生自评</td><td>小组互评</td><td>教师评价</td><td>考核得分</td></tr>
<tr><td rowspan="3">职业素养情况</td><td>1</td><td>具有严谨的工作作风</td><td>5</td><td></td><td></td><td></td><td></td></tr>
<tr><td>2</td><td>具有团队合作精神和竞争意识</td><td>5</td><td></td><td></td><td></td><td></td></tr>
<tr><td>3</td><td>在任务实施过程中或任务成果中具有创新性，有审查单据的责任，并及时反馈</td><td>10</td><td></td><td></td><td></td><td></td></tr>
<tr><td rowspan="3">知识掌握情况</td><td>4</td><td>了解清点交接的内容</td><td>10</td><td></td><td></td><td></td><td></td></tr>
<tr><td>5</td><td>熟悉现场和档案的清理的要求</td><td>10</td><td></td><td></td><td></td><td></td></tr>
<tr><td>6</td><td>掌握货品在出库的过程中可能会出现一些问题以及如何处理</td><td>10</td><td></td><td></td><td></td><td></td></tr>
<tr><td rowspan="3">能力提升情况</td><td>7</td><td>掌握货物交接验收的具体方法、内容和异常情况处理办法</td><td>10</td><td></td><td></td><td></td><td></td></tr>
<tr><td>8</td><td>能够独立完成出库交接工作及出库单据的确认与签收</td><td>10</td><td></td><td></td><td></td><td></td></tr>
<tr><td>9</td><td>能够主动搜集所需信息，进行自主学习</td><td>10</td><td></td><td></td><td></td><td></td></tr>
<tr><td rowspan="3">参与活动情况</td><td>10</td><td>积极参与任务实施</td><td>5</td><td></td><td></td><td></td><td></td></tr>
<tr><td>11</td><td>积极参与小组讨论</td><td>5</td><td></td><td></td><td></td><td></td></tr>
<tr><td>12</td><td>积极回答老师提问</td><td>10</td><td></td><td></td><td></td><td></td></tr>
<tr><td colspan="4">小计</td><td></td><td></td><td></td><td></td></tr>
<tr><td colspan="4">合计 = 自评 * 20% + 互评 * 40% + 教师评 * 40%</td><td colspan="4"></td></tr>
</table>

☞操作习题作业

一、模拟案例

2014 年 3 月 16 日 14:00，客户惠万家超市的提货员刘超来到华夏物流仓储中心提货，《提货单》如表 4 - 3 - 6 所示。华夏物流仓储中心已于 2014 年 3 月 16 日 13:00 前完成该批货物的出库作业，并放置在发货理货区，出库单如表 4 - 3 - 7 所示。仓管员小聪需要与提货员刘超完成货物的出库交接等相关工作，并填写单据作为存档，以备以后查用。

表4-3-6　　　　　　　　提货单

提货单位：惠万家超市

提货地址：华夏物流仓储中心

提货日期：2014年03月16日14:00　　　　　　提单编号：201403160411

货品名称	规格（MM）	质量	包装	单位	应发数量	实发数量	备注
微波炉	480×320×200	正品	纸箱	箱	18		

提货人（签字）：刘超　　　　　　　　　　发货人（签字）：

出库单

表4-3-7　　　　　　　　　　　　　　　　　　作业计划单号

0000000000023125

2001 配送中心　**华夏物流仓储中心**　　　应收总数：15　　　　实收总数：

客户名称：　惠万家　客户编号：WM0100646　客户指令：110121004　日期：2014-03-14

产品名称	条形码	规格	单位	应收数量	实收数量	货位号	批号	备注
微波炉	9787799912707		箱	15			2014-3-14	

仓管员（签字）：______　　　　　　送货人（签字）：______

请按照案例要求，做模拟准备，完成出库交接操作练习。

二、知识考核

(一)单选题

1. 备货出库货品经过全面复核无误之后，即可办理(　　)手续。

A. 销账存档

B. 清点交接

C. 清理现场

D. 规整档案

2. 货品出库后，(　　)发现账实不符，要派专人及时查找追回。

A. 提货员

B. 客户

C. 保管员

D. 收货员

(二)多选题

1. 货品在出库的过程中可能出现的问题有(　　)。

A. 货品品种混串

B. 货品型号规格开错

C. 货品内在质量问题

D. 保管员发现账实不符

2. 运输人员根据货品(　　)以及收货人地址和其他情况选择运输方式后，应将箱件清点，做好标记，整理好发货凭证、装箱单等运输资料，向承运单位办理委托代运手续。

A. 性质

B. 重量

C. 包装

D. 规格

(三)判断题

1. 出库作业中出现的数量问题一般是提货数与实存数不符，而且多为实存数大于提货数。

2. 关于货品出库中，串发货和错发货的问题，如果货品尚未离库，应立即组织人力，重新发货。

3. 物品出库时，对于包装有破漏的物品，发货时都应经过整理或更换包装，方可出库，否则造成的损失应由仓储部门承担。

4. 一批货品发完后，要收集整理该货品的出入库情况、保管保养情况及盈亏数据等情况，然后存入货品档案，妥善保管，以备查用。

模块五 5

仓库管理信息系统应用

▶学习要点

1. 能够了解仓储管理系统；
2. 能够掌握仓储管理系统操作；
3. 能够掌握条码扫描仪操作。

▶案例导入

小聪在华夏物流仓储中心体验一系列操作，比如入库作业、入库交接、入库上架、出库作业的实际流程后，导师李军安排小聪对仓储管理系统进行操作，并用条码扫描仪对货物或储位进行扫描。

任务一　仓储管理系统操作

☞ 任务目的

1. 了解仓储管理系统的结构和运行；
2. 熟悉掌握仓储管理系统的各项功能；
3. 了解仓储管理系统的应用。

☞ 任务内容

接受导师李军的安排后，小聪对仓储管理系统的概念、组成构架以及各项功能进行了了解，并用给定的用户名对系统进行操作。2014 年 3 月 14 日 9:00，华夏物流仓储中心收到惠万家超市以传真的形式于2014 年 3 月 14 日 15:00 将入库24 台微波炉的指令，小聪将在仓储管理信息系统中生成入库单并将其打印出来。

☞任务准备

模拟一个仓储中心，准备的设备和单据有：
办公控制区域(客服部)；
仓储管理系统、电脑及网络、打印机；
入库通知单、入库单。

☞任务分工

本任务人员岗位分工为：

岗位	岗位职责	主要内容	技能要求与基本素质	对应人员
仓管员	仓储管理系统的使用。	了解仓储管理系统的特点及基本架构； 掌握仓储管理系统的功能； 能正确使用仓储系统生成出入库单。	系统的正确使用，较强的学习能力。	小聪

☞ 任务资讯

一、仓储管理系统的基本介绍

(一)仓储管理系统概念

仓储管理系统的概念：WMS 是仓库管理系统(Warehouse Management System) 的缩写，仓库管理系统是通过入库业务、出库业务、仓库调拨、库存调拨和虚仓管理等功能，综合批次管理、物料对应、库存盘点、质检管理、虚仓管理和即时库存管理等功能综合运用的管理系统。

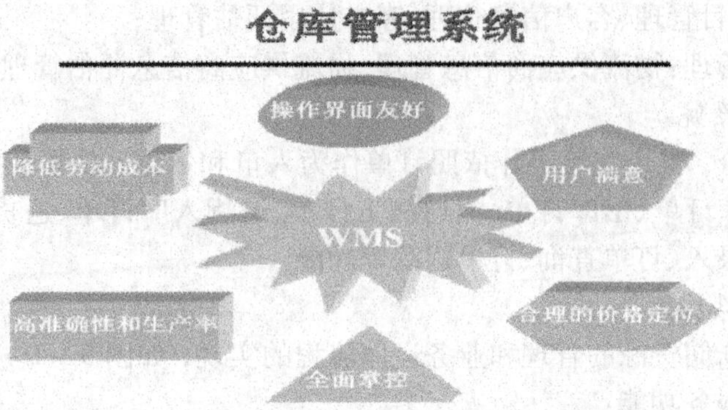

图 5－1－1　仓储管理系统

（二）仓储管理系统功能特点

由计算机控制的仓库管理系统的目的是独立实现仓储管理各种功能：收货、存货到正确的地点、存货管理、定单管理、分拣管理和配送控制。仓储管理系统将关注的焦点集中于对仓储的优化和有效管理，同时还涉及到配送计划、上下游供应商之间客户的信息交汇互换。从而有效提高仓储企业、配送中心和生产企业的仓库的执行效率和生产率，降低成本，提高企业客户的满意度，从而提升企业的核心竞争力。

仓储管理系统一般具有以下几个功能模块：货位管理、产品质检、产品入库、物料配送、产品出库、仓库退货、仓库盘点、库存预警和质量追溯。

通过后台服务程序，仓储管理系统可实现对同一客户不同订单的合并和订单分配，并对基于 PTL、RF、纸箱标签方式的上架、拣选、补货、盘点、移库等操作进行统一调度和下达指令，并实时接收来自 PTL、RF 和终端 PC 的反馈数据。整个软件业务系统与企业仓库物流管理各环节完全同步吻合，实现了对库存商品管理实时有效的控制。

（三）仓储管理系统基本架构

仓储管理系统按照常规设定和用户自行确定的优先原则，来优化仓库的空间利用和全部仓储作业。对上，它通过电子数据交换（EDI）等电子媒介手段，与企业的计算机主机联网，由主机下达收货和定单的原始数据。对下，它通过无限网络、手提终端、条码系统和 RFID 等信息技术与仓库的员工联系。上下相互作用，传达指令、反馈信息并更新数据库，同时，生成所需的条码标签和单据文件。

二、仓储管理系统功能

结合北京络捷斯特科技发展有限公司仓储管理系统（仓储管理系统），将仓储管理系统可以实现的功能模块进行系统的介绍。模拟从物流信息系统初始化到整个物流业务活动结束的过程中，企业信息系统操作人员所需要进行的操作。主要包括下列几类岗位和系统模块：仓储管理系统主要功能包括基础信息管理、订单管理、决策分析管理、仓储管理、商务结算管理。综合实现整个第三方物流各个执行环节的业务运作和管理决策的需要，各系统既能独立使用，又能集成使用。

（一）基础信息管理

1. 物流运作资源管理：设备资源管理、车辆资源管理、人力资源管理、运力管理、资源利用率查询等；

2. 客户管理：项目管理、客户信息管理、客户信用评估管理；

3. 物流供应商管理：物流供应商信息管理、物流供应商信息评估管理。

(二)订单管理系统

订单是物流指令，整个物流运作依照订单作为入口和依据，是整个系统的内在驱动力之一，要能够支持入库订单、出库订单、流通加工订单、退货入库订单、退货出库订单、退货加工订单等。包括订单录入、订单查询、订单跟踪等功能。

(三)仓储管理系统

仓储管理包括仓储资源的管理和业务运作流程的实现，如图5－1－2所示。主要包括以下仓储运作和增值服务功能：

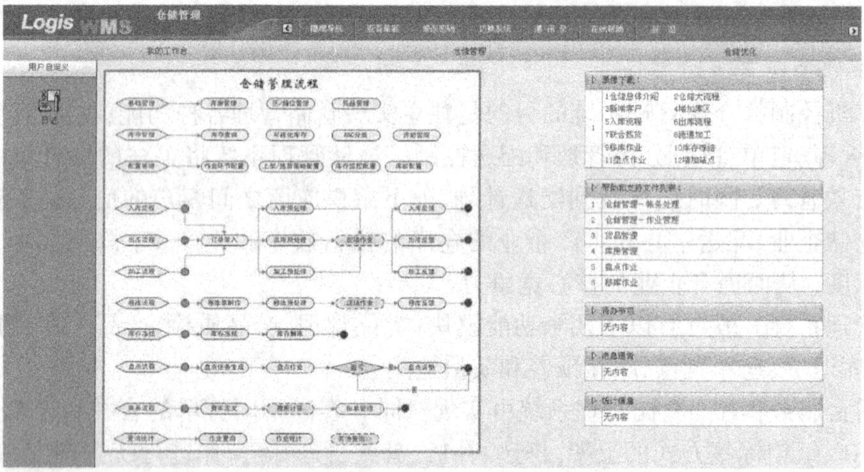

图5－1－2　仓储管理系统功能图

1. 仓储基础设施管理：网络化库房管理，包含库房、区、货架、货位等的管理；

2. 货品(物料)管理：对货品的管理属性和作业属性进行管理；

3. 策略管理：对系统自动上架和拣货作业的策略的管理、库龄管理策略管理、库存监控策略管理、作业流程、配置管理、ABC分类管理等；

4. 入库作业管理：通过计算机辅助执行高效的收货、理货、搬运、上架等作业操作，包括入库预处理、入库作业、入库反馈等功能，其中入库作业能够支持手持设备、条码设备、电子拣选设备、立库设备等的接口；

5. 出库作业管理：通过计算机辅助执行高效的拣选、品检、搬运等作业，包括出库预处理、出库作业、出库反馈(支持计算机辅助拣货路径优化)、联合拣货(波次拣货)预处理、联合拣货作业、联合拣货反馈等功能，其中入库作业能够支持手持设备、条码设备、电子拣选设备、立库设备等的接口；

6. 流通加工作业管理：执行流通加工作业，如打印/贴标签、更换包装、组装/拆卸等工作，包括流通加工作业预处理、流通加工作业、流通加工作业反馈等功能；

7. 库存管理：库存综合查询、可视化库存管理、库龄管理、库存监控、ABC分类等功能；

8. 其他作业：移库作业、盘点作业等；

9. 反向物流管理：退货/回收服务(客户退货、加工、退回供应商等)；

10. 仓储管理功能旨在通过计算机的辅助和优化（辅助上架、拣货、预警告知等），并通过自动化设备的调度和使用，提高仓储作业的效率并减少仓储管理的成本。

（四）商务结算系统

主要针对客户、外部物流资源客户、作业人员的合约（合同、协议）和结算进行管理。主要包括费率管理、费用结算、账单管理等功能。

1. 费率管理：费率管理实现各种物流运作费率的设置，主要包括：

（1）仓租费率设置：按面积、体积、货位个数等租用；

（2）仓储占用费率设置：按实际占用大小计费；

（3）作业费率设置：出入库、加工费率的设置。

2. 费用结算管理：在具体的仓储作业过程中，系统根据设置的费率，通过日结功能自动计算仓租及作业费用。

3. 账单管理：针对应收或者应付的费用，实现应收应付账单的生成、处理和查询等操作。

（五）决策分析系统

决策分析管理提供管理人员的决策分析，从仓储运营的角度进行综合的业务和管理分析，需要以直观的数据加图表的方式进行展现。

仓储营运中心：库房利用率分析、库存分析、作业分析、收入分析。

三、仓储管理系统在我国的应用

仓储管理系统（仓储管理系统）是仓储管理信息化的具体形式，其在我国的应用还处于起步阶段。目前在我国市场上呈现出二元结构：以跨国公司或国内少数先进企业为代表的高端市场，其应用仓储管理系统的比例较高，系统也比较集中在国外基本成熟的主流品牌；以国内企业为代表的中低端市场，主要应用国内开发的仓储管理系统产品。下面主要结合中国物流与采购联合会征集的物流信息化优秀案例，从应用角度对国内企业的仓储管理系统概况做一个分析。其应用分为以下三类：

（一）配送中心业务系统

是基于典型的配送中心业务的应用系统，在销售物流中如连锁超市的配送中心，在供应物流中如生产企业的零配件配送中心，都能够见到这样的案例。

北京医药股份有限公司的现代物流中心就是这样的一个典型。该系统的目标，一是落实国家有关医药物流的管理和控制标准 GSP 等，二是优化流程，提高效率。系统功能包括进货管理、库存管理、订单管理、拣选、复核、配送、RF 终端管理、商品与货位基本信息管理等功能模块；通过网络化和数字化方式，提高库内作业控制水平和任务编排。该系统把配送时间缩短了 50%，订单处理能力提高了一倍以上，还取得了显著的社会效益，成为医药物流的一个成功案例。

此类系统多用于制造业或分销业的供应链管理中，也是仓储管理系统中最常见的一类。

（二）仓储作业与信息系统整合

是以仓储作业技术的整合为主要目标的系统，解决各种自动化设备的信息系统之间整合与优化的问题。

武钢第二热轧厂的生产物流信息系统即属于此类，该系统主要解决原材料库、半成品库与成品库之间的协调运行问题，否则将不能保持连续作业，不仅放空生产力，还会浪费能源。

该系统的难点在于物流系统与轧钢流水线的各自动化设备系统要无缝连接，使库存成为流水线的一个流动环节，也使流水线成为库存操作的一个组成部分。各种专用设备均有自己的信息系统，仓储管理系统不仅要整合设备系统，也要整合工艺流程系统，还要融入更大范围的企业整体信息化系统中去。

此类系统涉及的流程相对规范、专业化，多出现在大型 ERP 系统之中，成为一个重要组成部分。

(三)仓储经营决策应用系统

是以仓储业的经营决策为重点的应用系统，其鲜明的特点是具有非常灵活的计费系统、准确及时的核算系统和功能完善的客户管理系统，为仓储业经营提供决策支持信息。

华润物流有限公司的润发仓库管理系统就是这样的一个案例。该公司采用了一套适合自身特点的仓储管理系统以后，减少了人工成本，提高了仓库利用率，明显增加了经济效益。

此类系统多用于一些提供公共仓储服务的企业中，其流程管理、仓储作业的技术共性多、特性少，所以要求不高，适合对多数客户提供通用的服务。

☞任务操作

步骤一:登录信息系统

请使用给定的用户名:2011 和密码:1 登录仓储管理系统。订单处理主要操作功能按钮如图 5 - 1 - 3 所示。

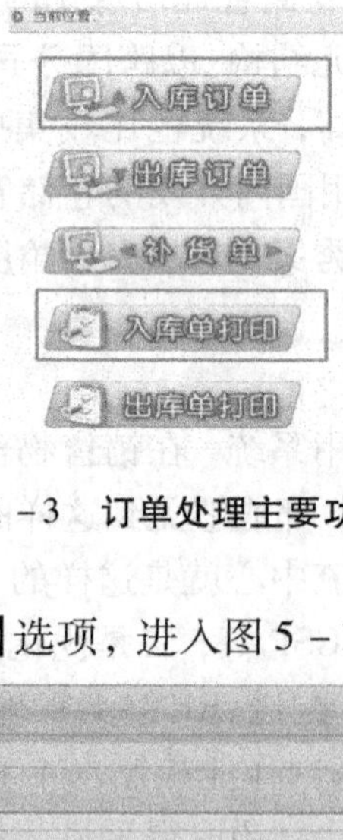

图 5 - 1 - 3　订单处理主要功能按钮

步骤二:录入入库订单

点击图 5 - 1 - 3 中的【入库订单】选项，进入图 5 - 1 - 4 所示界面。

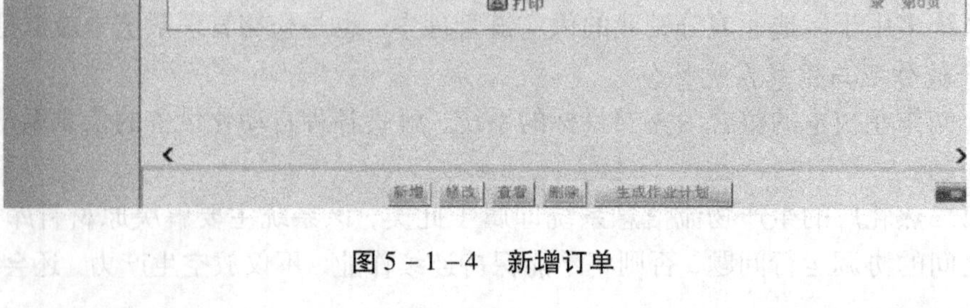

图 5 - 1 - 4　新增订单

点击图 5－1－4 中的【新增】选项，进入入库订单录入界面。【订单信息】录入完毕，如图 5－1－5 所示。

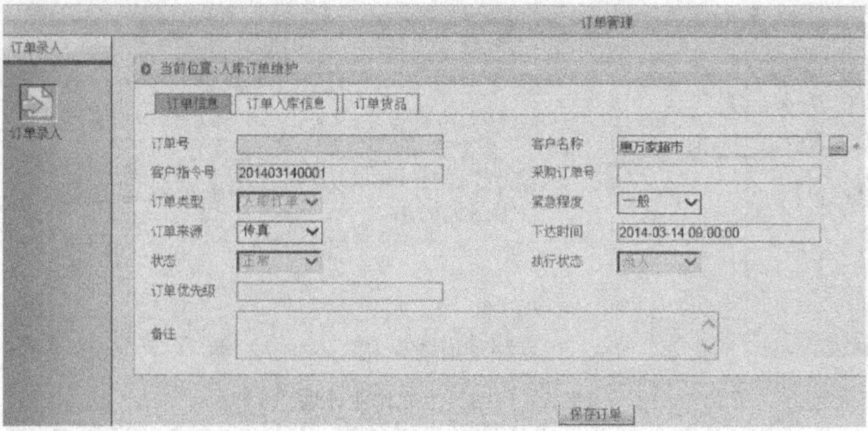

图 5－1－5　**订单信息**

【订单入库信息】录入完毕，如图 5－1－6 所示。

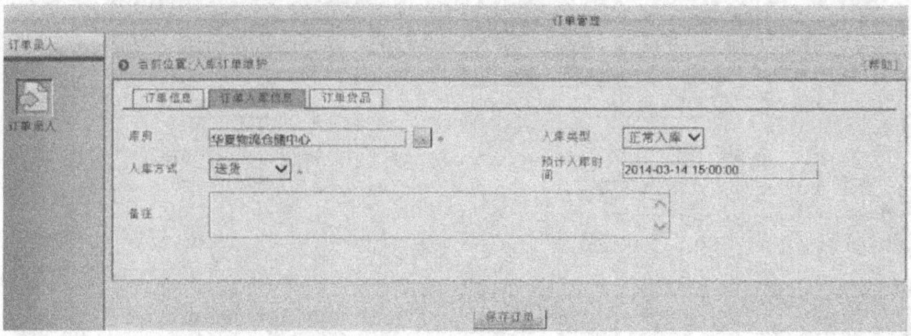

图 5－1－6　**订单入库信息**

【订单货品】录入完毕，如图 5－1－7 所示。

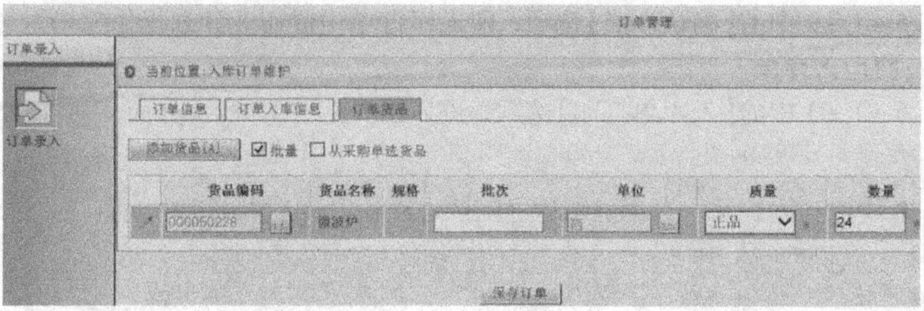

图 5－1－7　**订单货品**

点击图 5－1－7 中的【保存订单】选项，即入库订单录入完毕。

步骤三：生成作业计划

入库订单录入完毕后，进入图 5－1－8 所示界面。

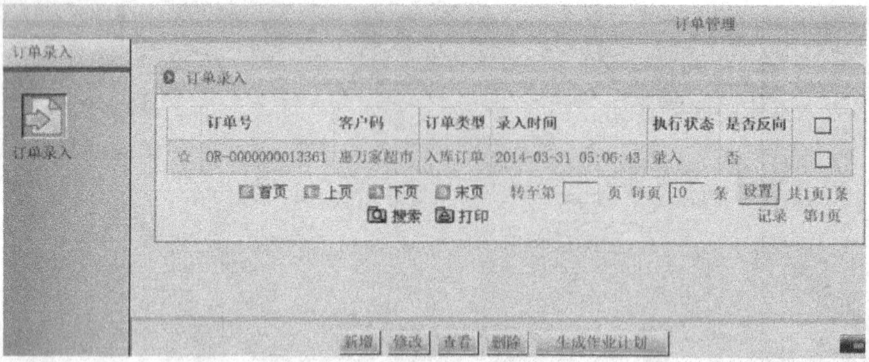

图 5－1－8　**生成作业计划**

在图 5－1－8 中，勾选已录入完毕的订单，然后点击【生成作业计划】选项，进入 5－1－9 所示界面。

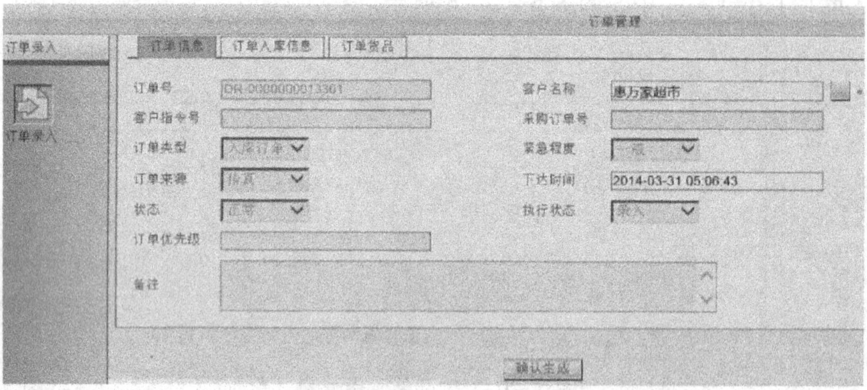

图 5－1－9　**确认生成**

点击图 5－1－9 中的【确认生成】选项，即入库订单生成作业计划操作完毕。

步骤四：打印入库单

点击图 5－1－3 中的【入库单打印】选项，进入图 5－1－10 所示界面。

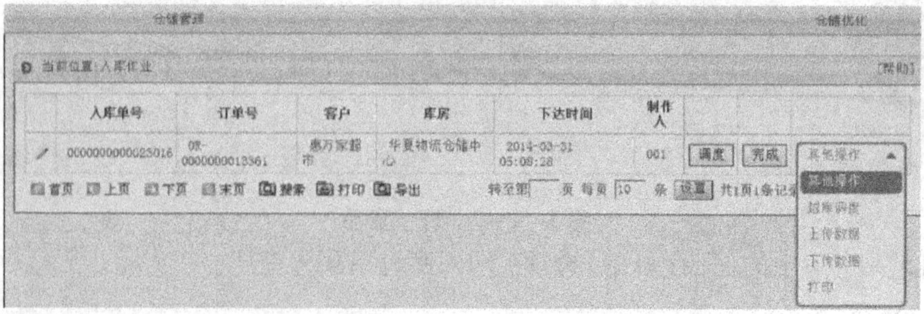

图 5－1－10　**单据打印**

在图 5－1－10 中，在该条订单复选框中选择【打印】选项，弹出打印窗口，如图 5－1－11 所示。

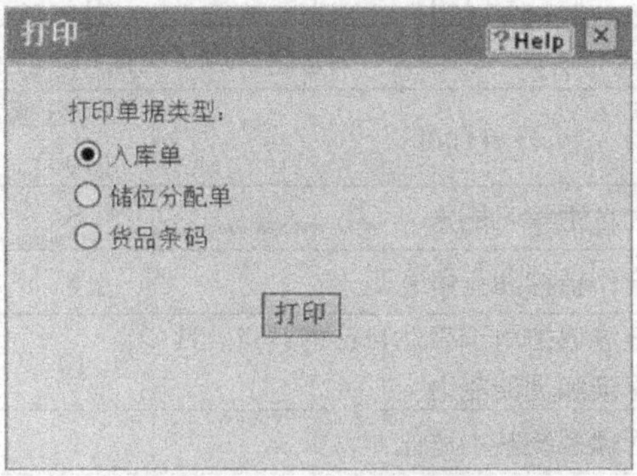

图 5－1－11　打印单据类型

在图 5－1－11 中，选择打印单据类型为入库单，然后点击【打印】选项，进入图 5－1－12 所示界面。

打印

入库单

作业计划单号 0000000000023207

2001 配送中心　华夏物流仓储中心　应收总数：24　实收总数：

客户名称：惠万家 客户编号：WH0100648 客户指令：201403140001 日期：20140314

产品名称	条形码	规格	单位	应收数量	实收数量	货位号	批号	备注
微波炉	9787799510521	1X1	箱	24			1101	

仓管员（签字）：______　送货人（签字）：______

打印

图 5－1－12　入库单

在图 5－1－12 中，打点【打印】选项，即可打印纸质入库单。

☞ 任务评分

班级			姓名		小组			
任务名称		仓储管理系统操作						
考核内容		评价标准	参考分值（100）	学生自评	小组互评	教师评价	考核得分	
职业素养情况	1	具有较强的自主学习能力	5					
	2	具有团队合作精神和竞争意识	5					
	3	在任务实施过程中勇于表达自己的观点，具有批判性思维和创新能力	10					
知识掌握情况	4	掌握仓储管理系统基本概念	5					
	5	熟悉仓储管理系统功能特点	10					
	6	理解仓储管理的功能	10					
	7	了解仓储管理系统在我国的应用情况	5					
能力提升情况	8	能够掌握仓储管理系统操作	10					
	9	能够掌握条码扫描仪的操作	10					
	10	能够主动搜集所需信息，进行自主学习	10					
参与活动情况	11	积极参与任务实施	5					
	12	积极参与小组讨论	5					
	13	积极回答老师提问	10					
小计								
合计 = 自评＊20% + 互评＊40% + 教师评＊40%								

☞操作习题作业

一、模拟案例

模拟一个仓储中心，2014 年 3 月 15 日 9:00，华夏物流仓储中心收到惠万家超市于 2014 年 3 月 15 日 15:00 将入库 24 台微波炉的指令，在仓储管理信息系统中生成入库单并将其打印。

二、知识考核

（一）单选题

以下不属于基础信息管理内容的是（　　）。

A. 物流运作资源管理

B. 物流运作人员管理

C. 物流的供应商管理

D. 客户管理

（二）多选题

仓储管理系统功能有（　　）。

A. 基础信息管理
B. 订单管理
C. 仓储管理
D. 商务结算管理

任务二　条码扫描仪操作

☞ 任务目的

1. 能够掌握扫描仪的操作；
2. 能够通过应用手持终端进行正确的扫描操作；
3. 手持终端工作时的要求及注意事项。

☞ 任务内容

模拟华夏物流仓储中心，在任意区域利用手持终端分别对给定的货物条码、托盘标签、周转箱标签、储位标签等区域进行扫描操作。

☞ 任务准备

模拟一个仓储中心，准备的设备有：
任意区域；
手持终端扫描仪一台；
货物条码、托盘标签、周转箱标签、储位标签。

☞ 任务分工

本任务人员岗位分工为：

岗位	岗位职责	主要内容	技能要求与基本素质	对应人员
仓储操作人员	手持终端的正确使用。	了解手持终端的各功能区域； 掌握手持终端对不同高度条码的扫描姿势； 能正确扫描各种条码。	设备使用的安全要求，较强的学习能力。	黄平

☞ 任务资讯

一、射频识别的概念

射频识别（Radio Frequency Identification，RFID），是一种非接触式的自动识别技术，它通过射频信号自动识别目标对象并获取相关数据，识别工作无须人工干预，可工作于各种恶劣环境。RFID 技术可识别高速运动物体并可同时识别多个标签，操作快捷方便。

一个完整的 RFID 系统由标签、天线、读写器和监控系统组成，如图 5－2－1 所示。

（一）标签

由耦合元件及芯片组成，每个标签具有唯一的电子编码，高容量电子标签有用户可写入的存储空间，附着在物体上标识目标对象。

（二）天线

在标签和读取器间传递射频信号。

（三）阅读器

读取（有时还可以写入）标签信息的设备，可设计为手持式或固定式。

基本的工作原理为，当标签进入磁场后，接收读写器发出的射频信号，凭借感应电流所获得的能量发送出存储在芯片中的产品信息（Passive Tag，无源标签或被动标签），或者主动发送某一频率的信号（Active Tag，有源标签或主动标签），读写器读取信息并解码后，送至中央信息系统进行有关数据处理。

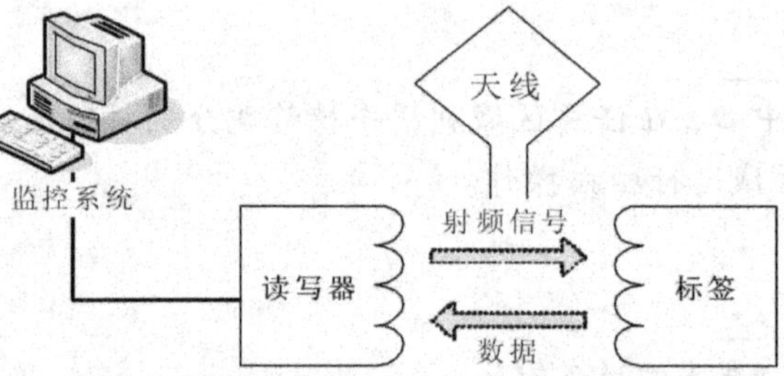

图 5－2－1　RFID 系统组成

电子标签中一般保存有约定格式的电子数据，在实际应用中，电子标签附着在待识别物体的表面。阅读器可无接触地读取并识别电子标签中所保存的电子数据，从而达到自动识别体的目的。通常阅读器与电脑相连，所读取的标签信息被传送到电脑上进行下一步处理。RFID 技术利用无线射频方式在阅读器和射频卡之间进行非接触双向数据传输，以达到目标识别和数据交换的目的。与传统的条形码、磁卡及 IC 卡相比，射频卡具有非接触、阅读速度快、无磨损、不受环境影响、寿命长、便于使用的特点和具有防冲突功能，能同时处理多张卡片。在国外，射频识别技术已被广泛应用于工业自动化、物流、交通运输控制管理等众多领域。

二、射频识别的特点

同条码、磁卡、IC 卡等同期或早期的识别技术相比，射频识别技术最突出的特点如下：

1. 快速扫描。RFID 辨识器可同时辨识读取数个 RFID 标签。

2. 体积小型化、形状多样化。

3. 抗污染能力和耐久性。

4. 可重复使用。RFID 标签可以重复地新增、修改、删除 RFID 卷标内储存的数据，方便信息的更新。

5. 穿透性和无屏障阅读。

6. 数据的记忆容量大。

7. 安全性。由于 RFID 承载的是电子式信息，其数据内容可经由密码保护，使其内容不易被伪造及变造。

因此，完成识别工作时无须人工干预，适于实现自动化且不易被破坏，可识别高速运动物体并可同时识别多个射频卡，操作快捷方便。射频卡不怕油渍、灰尘污染等恶劣的环境，短距离的射频卡可以在这样的环境中替代条码，长距离的产品多用于交通上，可达几十米。但是，由于射频标签较条码标签成本偏高，目前在物流过程中，很少像条码那样用于消费品标识，多数用于物流器具，如可回收托盘、包装箱的标识。

三、RFID 在仓储作业中的应用

在仓库里，射频技术最广泛的使用是存取货物与库存盘点，它能用来实现自动化的存货和取货等操作。在整个仓库管理中，通过将供应链计划系统制定的收货计划、取货计划、装运计划等与射频识别技术相结合，能够高效地完成各种业务操作，如指定堆放区域、上架/取货与补货等。这样，增强了作业的准确性和快捷性，提高了服务质量，降低了成本，节省了劳动力和库存空间，同时减少了整个物流中由于货品误置、送错、偷窃、损害和库存、出货错误等造成的损耗。

RFID 技术的另一项好处就是在库存盘点时降低人力。RFID 的设计就是要让货品的登记自动化，盘点时不需要人工的检查或扫描条码，更加快速准确，并且减少了损耗。RFID 解决方案可提供有关库存情况的准确信息，管理人员可由此快速识别并纠正低效率运作情况，从而实现快速供货并最大限度地减少储存成本。

注意事项

1. 不要用利器刮伤手持屏幕。使用时，最好使用机器本身自带的触摸笔进行屏幕操作。

2. 保持手持终端在所能承受的温度范围内工作。

3. 使用软布清洁手持终端屏幕。

4. 无法联网时，网卡标志有红色小叹号。

解决办法：

第一步，选择“options”按钮，弹出 options 对话框。选择“DP Mode Filtering”选项，在 Settings 中选中“AP Networks”，取消“Ad – Hoc Networkds”。点击“save”进行保存。

第二步，在 options 对话框中选择“Regulatory”选项，在 Settings 中选中“China”，取消“Enable 802.11d”选项。点击“save”进行保存。

5. 冷启动与热启动

(1)1 键 +9 键 + 开关机键：冷启(冷启是将手持终端恢复到出厂设置状态，慎用)。

(2)7 键 +9 键 + 开关机键 ：热启。

6. 充电。手持终端长时间不使用，每月至少充一次电，这样可以延长电池使用寿命。

7. 扫描时操作错误：扫描区域不正确。

错误图示：

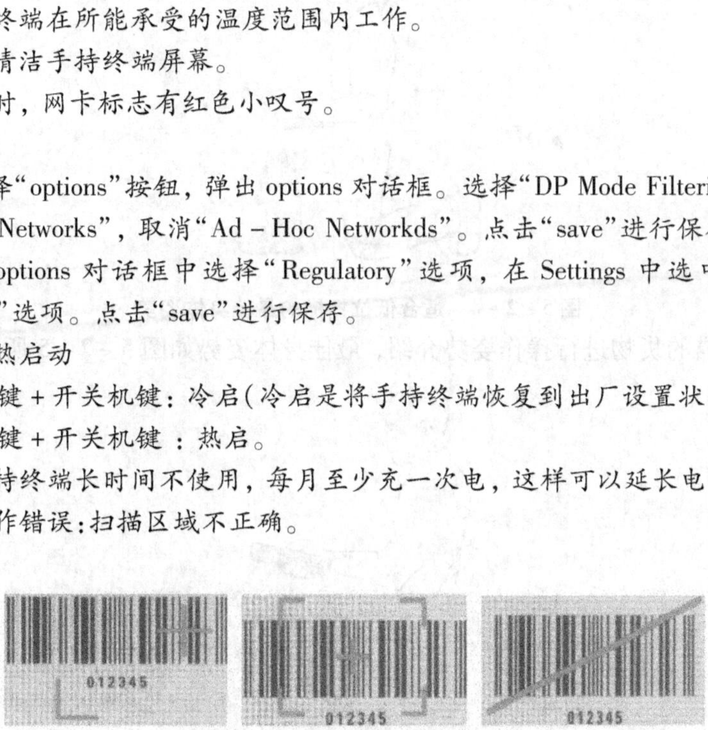

图 5 – 2 – 2　扫描区域错误示范

☞任务操作

步骤一：手持终端功能

张力拿到手持终端设备后，首先由仓管员小聪对手持终端各功能区及按键功能进行介绍，手持终端各个功能区域如图 5－2－3 所示：

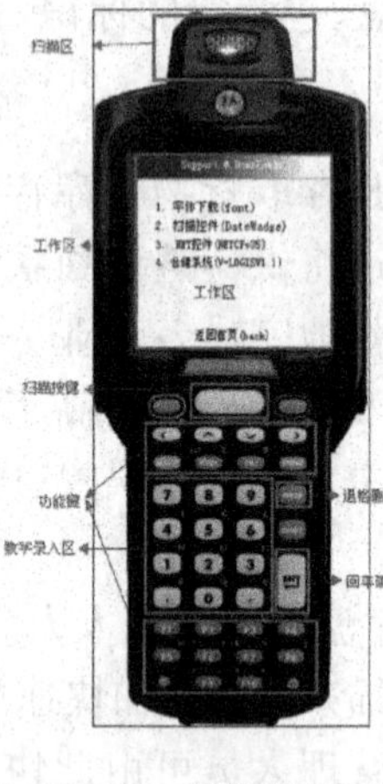

图 5－2－3　手持终端功能界面

步骤二：手持终端操作姿势

仓管员小聪针对低位扫描的货物进行操作姿势介绍，最佳身体姿势如图 5－2－4 所示：

图 5－2－4　适合低位扫描的最佳身体姿势

针对高位扫描的货物进行操作姿势介绍，最佳身体姿势如图 5－2－5 所示：

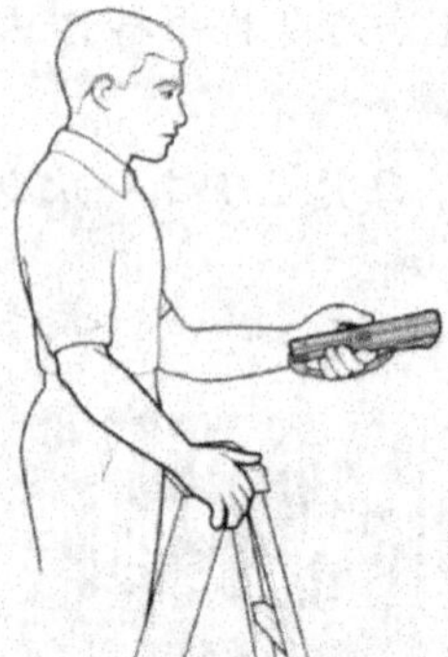

图 5－2－5　适合高位扫描的最佳身体姿势

步骤三：采集各条码信息

1. 采集货物条码信息

仓管员小聪使用手持采集货物包装条码信息进行演示，如图 5－2－6 所示：

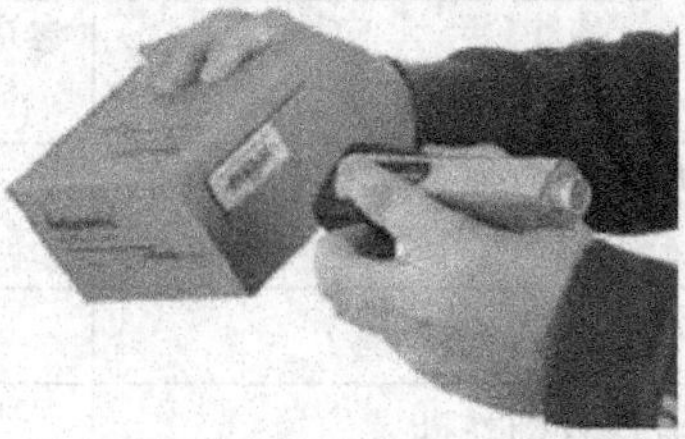

图 5－2－6　扫描货物条码

2. 采集托盘标签信息

使用手持采集货物托盘条码信息进行演示，如图 5－2－7 所示：

图 5－2－7　扫描托盘标签

3. 采集周转箱标签信息

使用手持采集货物周转箱条码信息进行演示，如图 5－2－8 所示：

图 5－2－8　扫描周转箱标签

4. 采集储位标签信息

使用手持采集货物货位条码信息，如图 5－2－9 所示：

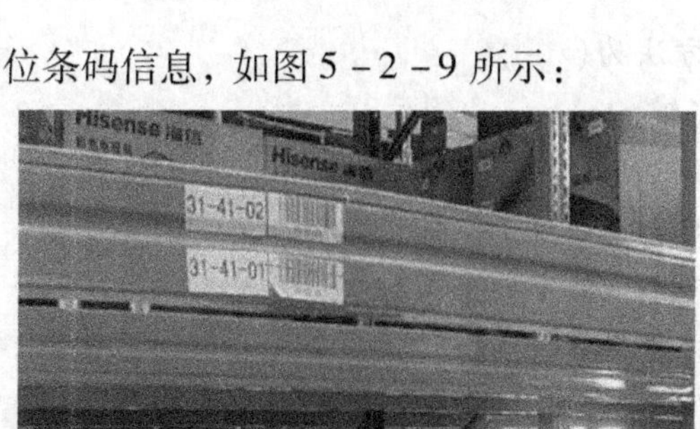

图 5－2－9　扫描储位标签

☞ 任务评分

班级			姓名		小组			
任务名称		条码扫描仪操作						
考核内容		评价标准	参考分值（100）	学生自评	小组互评	教师评价	考核得分	
职业素养情况	1	具有较强的个人办事能力强，能有条不紊的处理各种事务	5					
	2	具有严格遵守操作规范的纪律性	5					
	3	在任务实施过程中具有创新性	10					
知识掌握情况	4	掌握射频识别的概念	10					
	5	熟悉射频识别的特点	5					
	6	掌握 RFID 在仓储作业中的应用	15					
能力提升情况	7	掌握扫描仪的操作流程，能够应用手持终端进行正确的扫描操作	10					
	8	掌握手持终端工作时的要求及注意事项	10					
	9	能够主动搜集所需信息，进行自主学习	10					
参与活动情况	10	积极参与任务实施	5					
	11	积极参与小组讨论	5					
	12	积极回答老师提问	10					
小计								
合计 = 自评＊20% + 互评＊40% + 教师评＊40%								

☞操作习题作业

一、模拟案例

模拟一个仓储中心，在任意区域利用手持终端分别对给定的货物条码、托盘标签、周转箱标签、储位标签进行扫描操作。

二、知识考核

（一）单选题

1. 手持终端的冷启动方法为（　　）。

A. 7 键 +9 键 + 开关机键

B. 3 键 +9 键 + 开关机键

C. 5 键 +9 键 + 开关机键

D. 1 键 +9 键 + 开关机键

2. 手持终端的热启动方法为（　　）。

A. 7 键 +9 键 + 开关机键

B. 3 键 +9 键 + 开关机键

C. 5 键 +9 键 + 开关机键

D. 1 键 +9 键 + 开关机键

(二)多选题

1. 利用手持扫描货品条码时，操作错误的是(　　)。

A. 

B. 

C. 

D. 

2. 关于手持终端使用说法正确的是(　　)。

A. 不要用利器刮伤手持屏幕

B. 保持手持终端在所能承受的温度范围内工作

C. 使用软布清洁手持终端屏幕

D. 使用时，最好使用机器本身自带的触摸笔进行屏幕操作

3. 射频识别技术最突出的特点包括(　　)。

A. 可以非接触识读

B. 可识别高速运动物体

C. 保密性强

D. 可同时识别多个对象等

(三)判断题

1. 手持终端长时间不使用，每月至少充一次电，这样可以延长电池使用寿命。

2. 手持终端使用时，任何情况下都不可以直接使用手指触摸进行屏幕操作。

3. 手持终端的冷启是将手持终端恢复到出厂设置状态，谨慎使用。

参考答案

模块一

任务一:仓储环境体验

(一)单选题

1. A　2. C

(二)多选题

1. ABCD　2. ABCD

(三)判断题

1. 错　2. 对

任务二　仓储设备选用

(一)单选题

1. A　2. D　3. B

(二)多选题

1. AC　2. ABCD

(三)判断题

1. 错　2. 对　3. 对

任务三　仓库安全管理

(一)单选题

1. D　2. B　3. B

(二)多选题

ABD

模块二

任务一　入库准备

(一)单选题

1. C　2. A　3. B

(二)多选题

1. ABCD　2. ABC

(三)判断题

1. 对　2. 对　3. 对

任务二　入库交接

(一)单选题

1. A　2. B

(二)多选题

ABCD

(三)判断题

1. 对　2. 错　3. 对

任务三　入库理货

(一)单选题

1. B　2. A　3. B

(二)多选题

1. ABCD　2. ABCD

(三)判断题

1. 对　2. 对　3. 错

任务四　入库上架

(一)单选题

1. B　2. A

(二)多选题

ABCD

模块三

任务一　货物保管

(一)单选题

B

(二)多选题

BCD

(三)判断题

1. 对　2. 对

任务二　盘点作业

(一)单选题

D

(二)多选题

1. ABCD　2. BCD　3. ABCD

(三)判断题

1. 错 2. 对 3. 错

任务三　移库作业

(一)单选题

1. C　2. A

(二)多选题

1. BCD　2. ABCD　3. AC

(三)判断题

1. 错　2. 错　3. 对

模块四

任务一　出库准备

(一)单选题

1. A　2. C

(二)多选题

1. ABCD　2. ABCD

(三)判断题

1. 对　2. 对

(四)填空题

1. 三不、三核、五检查　2. 先进先出

任务二　出库理货

(一)单选题

1. B　2. C

(二)多选题

1. ABCD　2. ABC

(三)判断题

1. 错　2. 对　3. 错

(四)填空题

货物的外形特点、货物运输要求

任务三　出库交接

(一)单选题

1. B　2. C

(二)多选题

1. ABCD　2. ABC

(三)判断题

1. 错　2. 对　3. 对　4. 对

模块五

任务一　仓储管理系统操作

(一)单选题

B

(二)多选题

ABCD

任务二　条码扫描仪操作

(一)单选题

1. D　2. A

(二)多选题

1. ABC　2. ABCD　3. ABCD

(三)判断题

1. 对　2. 对　3. 对